AF460168

TITRES ET TRAVAUX

SCIENTIFIQUES

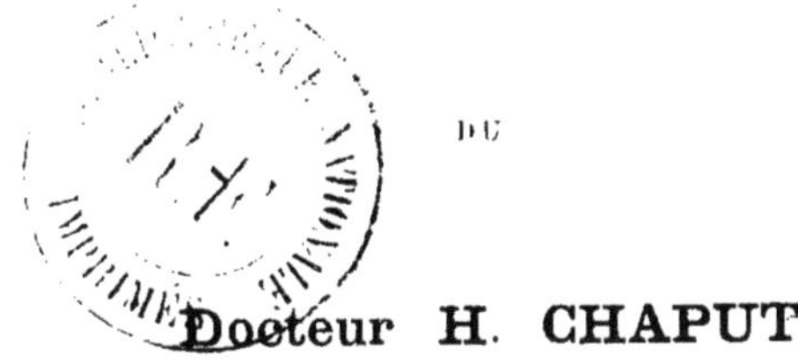

DU

Docteur H. CHAPUT

CHIRURGIEN DES HÔPITAUX DE PARIS

MEMBRE DE LA SOCIÉTÉ DE CHIRURGIE

PARIS
ASSELIN ET HOUZEAU
LIBRAIRES DE LA FACULTÉ DE MÉDECINE
PLACE DE L'ÉCOLE-DE-MÉDECINE

1895

I

TITRES SCIENTIFIQUES

Interne des hôpitaux de Paris chez les professeurs Panas (1881), Le Fort (1882), Tillaux (1883), Duplay (1884).

Aide d'anatomie (1882-1885).

Prosecteur à la Faculté (1885-1888).

Membre de la Société anatomique (1885).

Chirurgien des hôpitaux (1888).

Assistant du professeur Duplay (1888).

Assistant du Dr Terrillon (1889-1895).

Membre titulaire de la Société de chirurgie (1894).

Vice-président de la Société anatomique (1894).

II

LISTE DES TRAVAUX SCIENTIFIQUES DE L'AUTEUR

Études de chirurgie intestinale.

Ouvrages.

Technique et indications des opérations sur l'intestin, l'estomac et les voies biliaires. Paris, Asselin et Houzeau, 1892, 166 pages et 72 figures.

Thèse de Philippe, 1890. Traitement des anus contre nature et des fistules stercorales. Critique des procédés anciens. Étude des procédés de M. Chaput.

(*Sous presse*). Thérapeutique chirurgicale des affections de l'intestin, de l'estomac et des voies biliaires. 2 volumes. Doin, 1895.

Mémoires de chirurgie expérimentale.

Plusieurs nouveaux procédés d'entérorraphie (*Congrès de chirurgie*, 1889).

Étude histologique, expérimentale et clinique sur la section de l'éperon par l'entérotome (Mémoire de 30 pages) (*Archives générales de médecine*, 1890).

Étude expérimentale sur le traitement des plaies de l'intestin chez le chien (*Archives de médecine*, 1892. *Communiqué à la Société de chirurgie. M. G. Marchant, rapporteur*).

Description de trois nouvelles opérations sur l'intestin : 1° Entérostomie et gastrostomie temporaires ; 2° Entérorraphie à points doublés ; 3° Entérorraphie par implantation (*Société anatomique*, 10 juin 1892).

Sur un nouveau procédé de greffe intestinale. Greffe de gaze iodoformée (*Congrès de chirurgie*, 1891).

Étude comparative des divers procédés de sutures intestinales (*Congrès de chirurgie*, 1891).

Étude sur le calibre normal de l'intestin grêle. Expériences sur la migration du bouton de Murphy (En collaboration avec M. Lenoble) (*Société anatomique*, 1894).

Description d'un nouveau procédé de suture intestinale. Suture par invagination et abrasion (*Société anatomique*, 1894).

De la séquestration partielle de l'estomac et de l'intestin par la ligature à la gaze iodoformée (*Société anatomique*, 1894).

Étude sur la valeur du bouton de Murphy (*Société de chirurgie*, 15 novembre 1894).

Mémoires.

Nouvelles méthodes de traitement des anus contre nature et fistules stercorales. Procédés personnels (*Archives générales de médecine*, 1890).

Nouvelles méthodes de traitement des anus contre nature (*Bulletin médical*, 1890, n° 15).

De la péritonite purulente latente consécutive aux hernies gangrenées (*Société anatomique*, 1890, p. 160).

Typhlite, pérityphlite et appendicite (*Journal des Praticiens*, 1890).

De l'entéro-anastomose ou opération de Maisonneuve. Procédés opératoires. Indications, résultats (*Mémoire de 30 pages*, *Archives de médecine*, 1891).

Article Anus contre nature et fistules stercorales dans le *Traité de chirurgie de Duplay et Reclus*, 1892.

Nouveau procédé pour l'établissement de l'anus contre nature. Procédé de la forcipressure (*Académie de médecine*, 16 août 1892, *Archives de médecine*, 1892).

Les conditions de succès des grandes opérations sur l'intestin (*Revue générale des sciences pures et appliquées*, 30 septembre 1893).

Implantation de l'uretère dans l'intestin (*Archives générales de médecine*, 1894).

Traitement des hernies gangrenées (*Société de chirurgie*, 1894, et *Archives de médecine*, 1894).

Traitement des anus contre nature d'après trente-cinq observations personnelles (*Société de chirurgie*, 1894, et *Archives générales de médecine*, 1894).

Étude sur la gastro-entérostomie. Comparaison des procédés de *Senn*, de *Wölfler* et de *Murphy*. Description d'un procédé nouveau. Gastro-entérostomie valvulaire (*Presse médicale*, 14 juillet 1894).

De l'entéro-anastomose par les méthodes de Senn et de Wölfler (*Société anatomique*, 1894).

Traitement des plaies de l'abdomen (*Société de chirurgie*, 15 janvier 1895).

Observations.

Rupture de l'uretère et du côlon ascendant par coup de pied de cheval. Suture de l'intestin. Néphrectomie secondaire. Guérison (*Rapporteur, M. le professeur Tillaux. Société de chirurgie*, 1889).

Résection de l'intestin pour une fistule stercorale compliquée. Suture circulaire par abrasion. Guérison (*Académie de médecine*, 18 février 1890).

Examen histologique d'une hernie latérale gangrenée, traitée par la résection partielle et la suture. Pièce de M. Tuffier (*Société anatomique*, 1890, p. 108).

Deux observations de hernies étranglées et perforées, traitées par la résection et la suture circulaire (*Société anatomique*, 1890, p. 156).

Observation d'entéro-anastomose pour un anus contre nature ombilical compliqué de rétrécissement considérable des deux bouts (En collaboration avec M. Terrillon) (*Académie de médecine*, 2 décembre 1890).

Entéro-anastomose en un temps pour un carcinome du cæcum. Guérison (En collaboration avec M. Terrillon) (*Académie de médecine*, 11 août 1891).

Cholécystotomie pour calcul enclavé dans le canal cystique. Le 12e jour, oblitération de la fistule biliaire par abrasion. Rapporteur, M. Terrillon (*Société de chirurgie*, 1890, p. 270).

Description d'un nouvel entérotome. Rapporteur, M. Richelot (*Société de chirurgie*, 6 mai 1891).

Énorme adénome pédiculé de la paroi postérieure de l'estomac. Résection partielle de l'estomac. Guérison (*Société médicale des hôpitaux*, 1er juin 1894).

Un cas de péritonite blennorrhagique. Constatation de la sortie du pus par l'orifice abdominal des trompes (*Société anatomique*, 1894, n° 7).

Résection d'un prolapsus du rectum et fixation du bout supérieur à la peau de l'anus, par la méthode d'Hocheneg-Hartmann. Oblitération consécutive du rectum. Nouvelle intervention; établissement d'un anus sacré par la méthode de Gersuny (*Société de chirurgie*, 1894).

Ulcère de l'estomac pris pour un cancer et guéri par le chlorate de soude. Retour des accidents. Dilatation stomacale et troubles digestifs graves. Gastro-entérostomie. Mort. Un éperon s'est formé sur l'intestin et a empêché le passage des aliments. Dilatation considérable du duodénum (*Société anatomique*, 14 décembre 1894).

Anastomoses valvulaires. Largeur considérable des orifices obtenus (*Société anatomique*, 14 décembre 1894).

Chirurgie gynécologique.

Mémoires.

Étude sur les prolapsus génitaux, en collaboration avec le professeur Duplay (*Archives générales de médecine*, 1889).

Prolapsus génitaux. Variétés, pathogénie. Traitement (*Semaine médicale*, 1890, n° 2).

Traitement de la rétroflexion par la laparotomie (*Société de gynécologie*, mars 1892).

Traitement consécutif de l'hystérectomie vaginale par le drainage abdomino-vaginal (*Semaine médicale*, 31 août 1892).

Nouvelle méthode de traitement du pédicule utérin, après amputation supra-vaginale. Hémostase du pédicule par la ligature directe des vaisseaux (*Congrès de chirurgie*, 1893).

Sur un procédé opératoire, applicable aux grosses salpingites très adhérentes à l'utérus. Amputation supra-vaginale, combinée à la section médiane de l'utérus (*Société d'obstétrique*, 7 décembre 1892).

Ablation totale des fibromes de moyen volume par la voie vagino-abdominale (*Société d'obstétrique et de gynécologie*, avril 1873).

De l'hystérectomie vagino-abdominale fermée (*Société obstétricale et gynécologique*, 9 janvier 1894).

Traitement des salpingites haut situées par l'hystérectomie vagino-abdominale fermée (*Annales de gynécologie*, juillet 1894).

Traitement des prolapsus génitaux (*Société de chirurgie*, 1894).

Traitement de la rétroflexion par la transplantation du péritoine anté-utérin (*Société anatomique*, 9 novembre 1894).

Étude sur le cloisonnement du bassin (*Société anatomique*, 1894).

Le débridement de la vulve (*Société d'obstétrique et gynécologie*, 1891. *Congrès de chirurgie*, 1892).

Observations.

Deux cas de rétention placentaire prolongée avec examen histologique (*Société anatomique*, 1890).

Implantation de l'uretère gauche dans l'S iliaque, comme traitement d'une fistule urétéro-vaginale. Guérison. Rapporteur, M. Bazy (*Société de chirurgie*, octobre 1892 et 3 mai 1893).

Réparation d'une fistule vésico-vaginale par le procédé de Dittel (*Société obstétricale*, 1893).

Présentation de pinces à dents de crocodile (*Société de chirurgie*, 1893).

Péritonite blennorrhagique. Laparotomie. Constatation de l'écoulement du pus par l'orifice abdominal des trompes. Mort (*Bulletin Société anatomique*, 1894).

Études sur les fractures de la rotule.

Ouvrage.

Des fractures anciennes de la rotule, anatomie pathologique, pronostic et traitement (*Thèse de doctorat*, 1885).

Mémoire de chirurgie expérimentale.

Mécanisme des fractures de la rotule. Étude expérimentale et clinique (*Bulletin de la Société anatomique*, 1888).

Mémoires.

Anatomie pathologique des fractures de la rotule (*Société anatomique*, 1885).

Traitement des fractures de la rotule. Description de plusieurs procédés personnels (*Semaine médicale*, 1891, nº 31).

Observations.

Fracture de rotule traitée par la griffe de Duplay. Cal osseux, fonctions parfaites (*Société de chirurgie*, 1889, p. 63).

Fracture ancienne de la rotule. Troubles de la flexion. Extirpation du fragment supérieur. Rapporteur, M. Richelot (*Société de chirurgie*, 1891).

Fracture ancienne de la rotule. Type 2 (rotule allongée et rigide). Extirpation totale de la rotule. Guérison (*Revue d'orthopédie*, 1893, nº 5).

Rupture sous-cutanée du tendon rotulien. Incision et suture. Guérison avec mouvements parfaits. Rapporteur, M. Richelot (*Société de chirurgie*, 1891).

Chirurgie générale.

Ouvrages.

Guide de thérapeutique générale et spéciale (partie chirurgicale) (*Doin*, 1893).

Asepsie et antisepsie chirurgicales, en collaboration avec M. Terrillon (*Doin*, 1893).

Mémoires.

De la dilatation immédiate progressive (*Gazette hebdomadaire*, 1882).

De la suture des nerfs. Revue critique (*Archives générales de médecine*, 1884).

L'opération de Vladimiroff Mikulicz (*Semaine médicale*, 1889, n° 31).

De la réunion sans drainage (*Semaine médicale*, 1889, n° 21).

Remarques sur le matériel antiseptique des ambulances et hôpitaux de campagne (*Bulletin médical*, 1890, 21 mai).

De la résection large du rocher dans le traitement de la carie de cet os (*Revue internationale de Rhinologie*, 1893).

Considérations sur le mécanisme des mouvements du pied (*Progrès médical*, 1886).

De la réparation des difformités nasales par la prothèse métallique intercutanéo-muqueuse (*Société de chirurgie*, 25 décembre 1894).

Étude sur l'anesthésie par l'éther (*Société de chirurgie*, 1895).

Observations.

Incision exploratrice du rein sur son bord convexe, suivie de suture. Guérison (*Observation publiée dans la thèse de Récamier*, 1889).

Opération de Vladimiroff Mikulicz pour tuberculose tibio-tarsienne. Guérison. Rapporteur, M. Berger (*Société de chirurgie*, 1889).

Opération de Vladimiroff Mikulicz pour fracture du tarse, avec consolidation vicieuse. Guérison. Rapporteur, M. Chauvel (*Société de chirurgie*, 1890).

Nouveau procédé d'amputation intra-calcanéenne horizontale pour un mal perforant récidivé. Guérison. Rapporteur, M. Chauvel (*Société de chirurgie*, 1889).

Anévrysme poplité. Ligature. Douleurs consécutives. Extirpation secondaire. Guérison (*Société de chirurgie*, 1894).

III

CHIRURGIE STOMACALE

Adénome pédiculé et énorme de la paroi postérieure de l'estomac. Résection de la paroi stomacale postérieure à travers la paroi antérieure incisée. Guérison (*Soc. méd. des Hôp.*, 1er juin 1894, et *Soc. anat.*, 1895).

Le malade, âgé de soixante-quatre ans, se plaignait depuis neuf mois de troubles digestifs graves ; à l'entrée il présente tous les

Fig. 1. — Malade à l'adénome gastrique avant l'opération.

signes d'un cancer gastrique, cachexie, teinte jaune paille, tumeur épigastrique ; le malade accuse en outre des vomissements alimentaires répétés et parfois sanglants, il ne peut plus supporter d'aliments solides. Malgré le mauvais état général du malade je me décidai à intervenir, d'après cette considération que le pylore n'était pas en cause, pas de dilatation gastrique, et que l'opération serait probablement facile et bénigne.

Laparotomie le 10 avril 1894, on trouve la paroi stomacale antérieure saine, soulevée par une tumeur énorme. Incision de la

Fig. 2. — Malade à l'adénome gastrique, un mois après l'opération.

paroi antérieure sur une longueur de 12 centimètres, on trouve alors une tumeur du volume d'une tête de fœtus, insérée sur la paroi stomacale postérieure par un pédicule court. Le pédicule est pincé avec des clamps et coupé. La paroi stomacale postérieure ouverte est suturée à trois étages. Suture à trois étages de l'incision de la paroi antérieure. L'examen histologique a montré qu'il s'agissait d'un adénome : les préparations ont été vérifiées par M. Cornil.

Le malade engraissa en quelques semaines de 15 kilos ; ce fut une véritable résurrection.

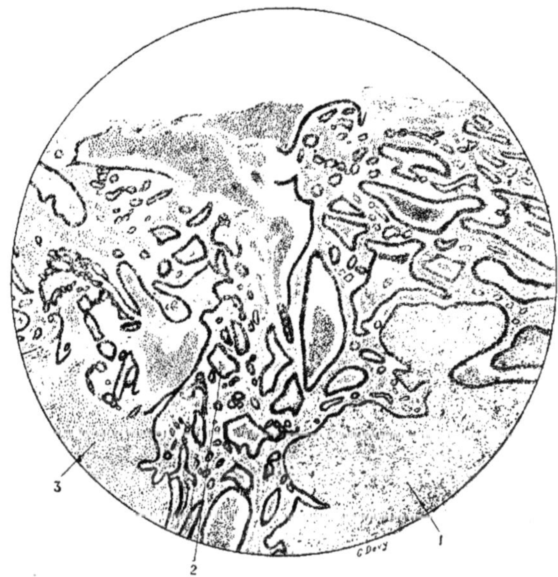

Fig. 3. — Adénome gastrique, faible grossissement.

1, 3, Coagulum contenant des éléments cellulaires dans les cavités glandulaires très agrandies. — 2, Glandes dilatées.

Il m'a écrit en avril 1895 pour me confirmer sa bonne santé.

Étude sur la gastro-entérostomie.

(*Presse médicale*, 14 juillet 1894.)

Anastomose valvulaire.

Ce procédé consiste à faire sur l'estomac et sur l'intestin une incision en H qui limite deux lambeaux qui doivent pendre dans l'intestin. On suture les bords des lambeaux et les branches verticales de l'H.

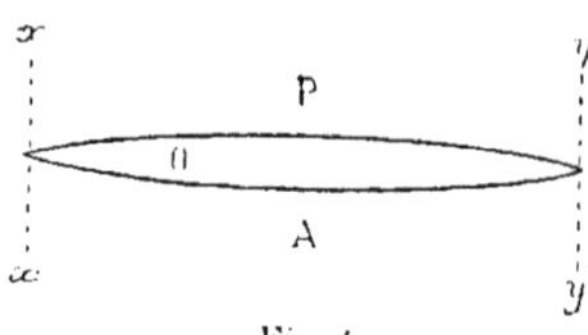

Fig. 4.

O. Orifice linéaire. — A, P. Lèvres antérieure et postérieure. — xx, yy. Tracé des incisions latérales.

J'ai présenté à la Société anatomique, en 1894, deux pièces

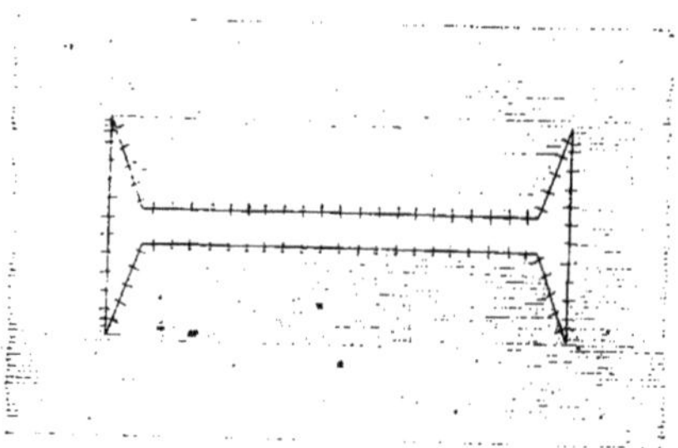

Fig. 5. — Aspect de la figure précédente après exécution des incisions latérales et sutures muco-muqueuses.

d'anastomose valvulaire sur lesquelles les orifices obtenus

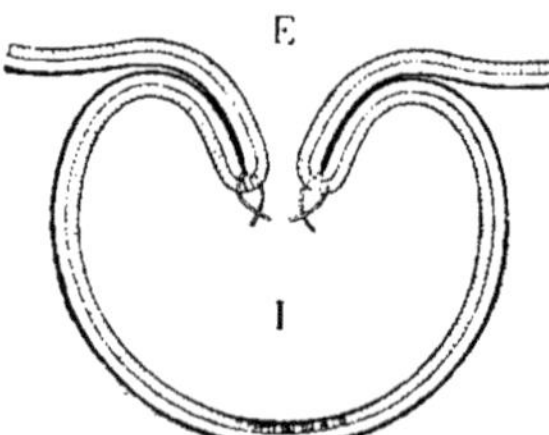

Fig. 6. — Coupe verticale passant par l'anastomose valvulaire.

étaient énormes et n'avaient subi aucune diminution au bout de trois mois.

Pour l'exécution de la gastro-entérostomie, j'ai conseillé le plan opératoire suivant :

Incision médiane — adoption de la gastro-entérostomie postérieure ; à la manœuvre de Hacker, je préfère celle de Cour-

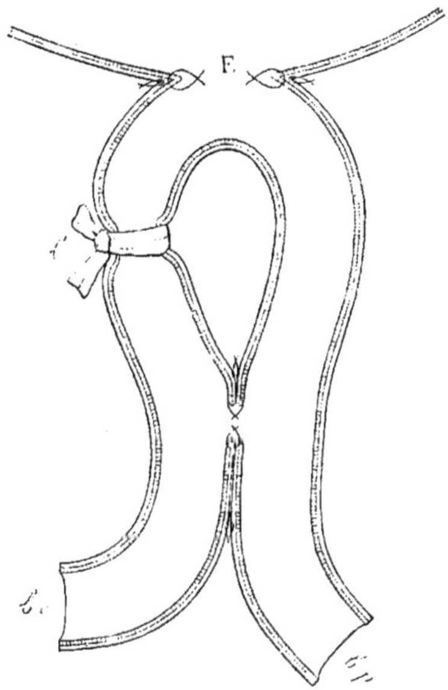

Fig. 7. — Procédé pour empêcher le reflux de la bile dans l'estomac et le passage des aliments dans le bout supérieur.

F, Estomac. — *l*, ligature à la gaze iodoformée. — *bc*, bout central de l'intestin. — *bp*, Bout périphérique. — On aperçoit l'entéro-anastomose destinée à conduire la bile du bout supérieur dans l'inférieur.

voisier et Terrier, qui consiste à effondrer d'abord l'épiploon, puis le côlon transverse et à chercher par cette voie la première anse grêle. On exécute alors l'anastomose valvulaire.

Pour éviter le reflux de la bile dans l'estomac, j'ai conseillé de faire une anastomose entre les deux jambages de l'anse fixée à l'estomac.

On place ensuite une ligature à la gaze iodoformée, sur le bout supérieur, entre les deux anastomoses.

J'ai opéré en août 1894 une malade du service de M. Hayem, âgée de soixante-douze ans, atteinte d'une dilatation gastrique énorme, chez laquelle le diagnostic exact était hésitant en raison de l'hyperchlorhydrie constatée.

Je trouvai une tumeur pylorique ayant les caractères du carcinome et je fis une gastro-entérostomie postérieure linéaire. Dans les jours qui suivirent, la malade eut des vomissements bilieux répétés : je les fis cesser en faisant asseoir la malade, ce qui changea les conditions d'écoulement de la bile.

Elle guérit parfaitement malgré ses soixante-douze ans et vit encore actuellement.

Cette observation sera publiée prochainement à la Société de chirurgie. A ce propos je signalerai les modifications suivantes que je compte employer à l'avenir dans la technique de la gastro-entérostomie :

1° Pour éviter la formation d'un éperon sur l'intestin, je conseille de remplacer le procédé de Rockwitz par la manœuvre suivante que j'ai employée déjà deux fois chez l'homme : J'établis la gastro-entérostomie, soit par la suture, soit avec la gouttière anastomotique, sans renverser l'anse comme Rockwitz.

Sous le bout supérieur, tout près de l'anastomose, je passe à travers le mésentère une lanière de gaze iodoformée dont les bouts sont tirés en haut, de manière à couder l'intestin.

Ces deux bouts sont fixés le plus haut possible sur la face antérieure de l'estomac, au moyen d'un fil séro-séreux.

2° Le procédé antérieur de Wölfler a le grave inconvénient de comprimer le côlon transverse. Le procédé postérieur de Hacker est compliqué et difficile : il expose à l'étranglement de l'intestin dans l'orifice mésocôlique ; et l'on n'a qu'une place insuffisante pour opérer, limité que l'on est, en arrière, par la paroi stomacale postérieure qui remonte, et en avant, par l'insertion du grand épiploon.

Je propose de modifier de la manière suivante le procédé antérieur :

Faire une boutonnière sur le grand épiploon au voisinage du côlon transverse; passer l'intestin à travers cet orifice et l'anastomoser à la face antérieure de l'estomac.

On suturera ensuite l'épiploon à la paroi abdominale.

Cette technique présente les avantages suivants : 1° L'intestin ne refoule pas le grand épiploon en arrière; aussi le côlon transverse est-il moins comprimé; 2° la suture de l'épiploon à la paroi abdominale maintient en avant l'anse intestinale anastomosée et l'empêche aussi de comprimer le côlon transverse.

Bibliographie.

Étude sur la gastro-entérostomie (*Presse méd.*, 1894).

Présentation de pièces de gastro-entérostomies valvulaires (*Soc. anat.*, 1894).

Ulcère de l'estomac pris pour un cancer. Perforation de la paroi postérieure, abcès du pancréas. Sténose pylorique. Gastro-entérostomie. Formation d'un éperon, vomissements incoercibles, mort (*Soc. anat.*, 1894).

Un cas de gastro-entérostomie pour cancer, guérison (*Bull. de la Soc. de chir.*, 1895, non encore publié).

De la pylorectomie.

Flandre médicale, 2 août 1894.)

Dans ce travail de mise au point, j'ai étudié en détails la technique de l'opération, ses indications, ses résultats immédiats et éloignés. Voici les conclusions de ce travail :

1° On ne doit faire la pylorectomie qu'avec une tumeur petite, mobile, sans ganglions profonds.

2° La suture gastro-duodénale après résection pylorique est une mauvaise pratique : avec deux rangées de sutures elle expose à la perforation ; avec trois rangées on occasionne un rétrécissement dangereux. Il est préférable de fermer en cul-de-sac l'estomac et le duodénum et d'établir ensuite une gastro-entérostomie.

3° La mortalité de la pylorectomie pour cancer est de 58 p. 100 dans vingt-neuf cas de Billroth ; de 41 p. 100 dans douze cas de Czerny ; de 67 p. 100 dans cent soixante et un cas de Dreydorff. La pylorectomie pour sténose cicatricielle présente une mortalité de 50 p. 100 (douze cas de Billroth et Czerny).

4° On préférera la gastro-entérostomie dans les sténoses cicatricielles. Cette opération est beaucoup plus bénigne et plus rationnelle.

5° L'avenir de la pylorectomie pour cancer est dans les opérations précoces. Le diagnostic précoce du cancer est impossible ; mais on a le devoir de faire la laparotomie exploratrice dans les dilatations gastriques graves, rebelles, avec amaigrissement progressif.

Quelle que soit la lésion on pourra presque toujours y porter remède, soit par la pylorectomie, soit par la gastro-entérostomie, même en cas de dilatation gastrique simple.

IV

CHIRURGIE INTESTINALE

Études sur les villosités intestinales.

(Thèse de Doctorat de M. Ovide Benoit, Paris, 1891, Inspirée par le Dr Chaput. — Voir aussi communication à la Société anatomique, 1891, par M. Chaput.

1° Contrairement à l'opinion des auteurs classiques, on n'aperçoit pas à la surface de la muqueuse de l'intestin grêle du chien, la moindre trace d'orifices glandulaires. Cette surface est exclusivement constituée par l'extrémité des villosités qui se présente avec l'aspect d'un pavage mosaïque.

2° Les villosités du chien sont toutes semblables les unes aux autres : elles ont la même longueur, la même forme, le même

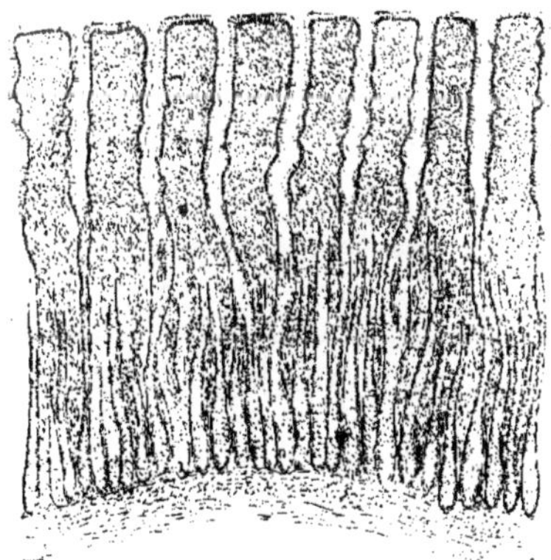

Fig. 8. — Villosités du chien.

volume : aucune ne dépasse le niveau des autres. Elles se touchent latéralement, n'étant séparées que par des espaces intervilleux linéaires au fond desquels s'ouvrent les glandes.

Les villosités peuvent être courtes et massives, à bords plissés ; ou longues et minces, à bords rectilignes.

Leur forme est celle d'un pentagone sur les coupes perpendiculaires à leur axe.

Sur certaines coupes, on surprend l'abouchement des glandes dans les espaces intervilleux.

Nous avons fait des constatations analogues sur divers animaux : chats, cobayes, lapins.

3° Les coupes obliques ont servi à perpétuer l'erreur classique sur la morphologie des villosités. Il existe aussi de fausses villosités liées à un travail de destruction de la muqueuse et qui s'observent comme résultat des altérations cadavériques et consécutivement à l'étranglement herniaire, la diarrhée et la péritonite.

N. B. — Mes idées sur la forme des villosités ont été adoptées par MM. Testut et Jonnesco, qui ont, en outre, reproduit mes dessins dans leurs traités d'anatomie.

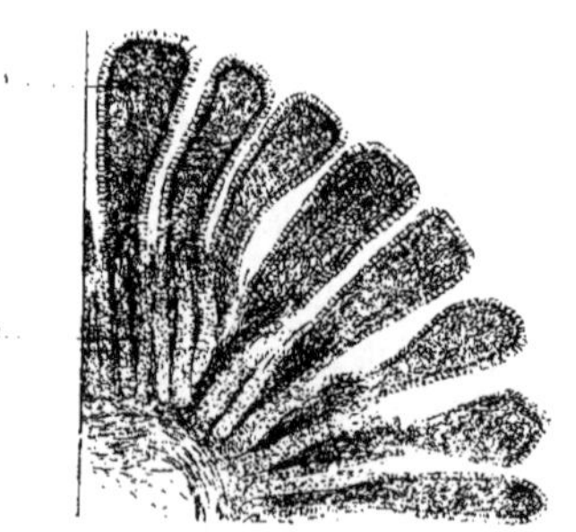

Fig. 9. — Villosités de l'homme.

1. Villosités. — 2. Glandes.

J'ai encore constaté que les villosités de l'homme étaient identiques à celles du chien : mon dessin inédit a été reproduit par Jonnesco dans l'Anatomie de Poirier.

De l'abouchement des uretères dans l'intestin.

(*Arch. gén. de médecine*, 1894, et *Bull. Soc. de chir.*, 1893.)

J'ai fait sur deux malades trois abouchements de l'uretère dans le gros intestin.

Dans le premier cas il s'agissait d'une femme qui avait une fistule de l'uretère consécutive à une hystérectomie vaginale incomplète. La fistule très rétrécie ne pouvait être mise en évidence : la partie vaginale de l'uretère était inaccessible. Je me décidai à aboucher cet organe dans le côlon descendant. La malade guérit parfaitement. Elle a été opérée le 12 septembre 1892. Elle est actuellement (1895) infirmière à Bicêtre et sa santé est parfaite. Elle s'est mariée depuis son opération.

Elle continue à avoir deux ou trois selles liquides par jour dans lesquelles j'ai pu faire doser les éléments de l'urine.

La seconde malade avait une cystite tuberculeuse, une taille hypogastrique ne lui avait apporté aucun soulagement, au contraire. Je me proposai d'aboucher d'abord les uretères dans le gros intestin, puis de faire la résection totale de la vessie. Le premier abouchement réussit très bien, mais après le deuxième, la malade mourut brusquement d'anurie. Nous avions d'ailleurs pu constater au cours de nos opérations, que l'uretère était très malade ; il y avait certainement des lésions de pyélo-néphrite avancée.

Voici la technique employée dans ces opérations :

Abouchement dans les côlons ascendant ou descendant.

Je recommande d'utiliser l'incision suivante que j'ai employée dans mes trois opérations : Elle commence en haut, au niveau du rebord costal, à 8 centimètres environ de la ligne médiane, descend jusqu'à la hauteur de l'épine iliaque antéro-supérieure, et se recourbe en dedans jusqu'à un ou deux travers de doigt de la ligne médiane.

L'incision est conduite couche par couche et l'on arrive enfin dans le péritoine.

On reconnaît le côlon descendant, et on le fait récliner en même temps que toute la masse de l'intestin grêle par une compresse soutenue par la main d'un aide.

On incise alors en dehors du côlon le péritoine pariétal postérieur de la région iliaque sur une hauteur de 8 à 10 centimètres. Le lèvre péritonéale interne est saisie dans des pinces hémostatiques et avec les doigts, il est facile de décoller le pé-

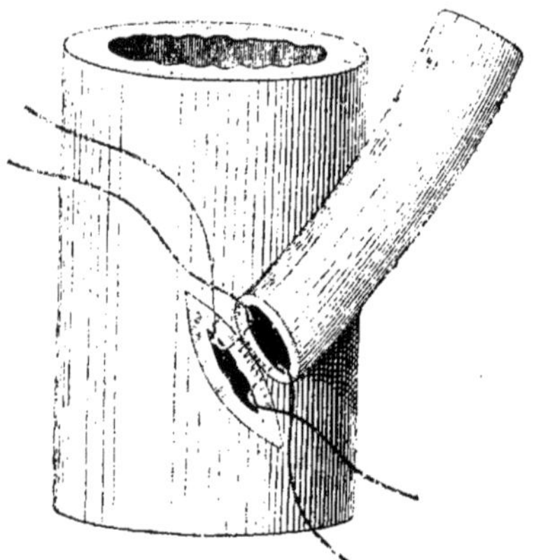

Fig. 10. — Abouchement de l'uretère dans le côlon, fils musculo-musculeux.

ritoine jusqu'à la colonne vertébrale. Toute la région se trouve alors disséquée et il devient facile de reconnaître l'uretère. Cet organe est saisi et coupé entre deux pinces à crémaillère. Le bout inférieur est aussitôt lié et réduit.

On amène alors le bout supérieur au contact de la face postéro-externe du côlon descendant et on procède à l'établissement des sutures.

On commence par fixer, à l'aide de trois ou quatre points musculo-musculeux, la lèvre postérieure de l'orifice de l'uretère à l'intestin encore intact (fig. 10).

On incise alors l'intestin dans l'étendue de 1 centimètre environ à quelques millimètres au-desous des sutures précédentes.

On exécute ensuite la suture muco-muqueuse des lèvres postérieures des deux orifices : puis la suture séro-séreuse ou plutôt musculo-musculeuse de ces mêmes lèvres antérieures.

On place encore quelques points complémentaires aux extrémités de l'orifice intestinal qui bâille un peu, il ne reste plus qu'à drainer la région décollée avec une mèche de gaze et à suturer la paroi abdominale.

Conclusions.

1° L'abouchement des uretères dans l'intestin est une opération facile et bénigne. Elle ne comporte nécessairement ni l'hydronéphrose par rétrécissement de l'orifice, ni la pyélonéphrite par infection ascendante, comme le prouvent mes observations.

2° L'abouchement bi-latéral réalisé par Novaro chez le chien, peut certainement être exécuté chez l'homme avec succès.

3° Le passage de l'urine dans l'intestin n'a aucun inconvénient, ne gêne pas la digestion, n'irrite pas la muqueuse, il provoque seulement des selles assez fréquentes, mais pas plus que ne le sont les mictions normales.

4° Cette opération est une ressource précieuse dans certains cas où les opérations plus simples ne sont pas applicables.

Elle est particulièrement indiquée dans la résection complète de la vessie (cancer, tuberculose, exstrophie), dans les fistules de l'uretère, dans les plaies et ruptures de cet organe, et dans certains cas de calculs enclavés. L'abouchement s'exécute exactement de la même façon sur le côlon ascendant que sur le descendant.

Si l'uretère était trop étroit et trop mince pour porter deux étages de sutures, je conseillerais de le fixer à l'orifice intestinal par trois sutures perforantes muco-muqueuses. Je l'enterrerais

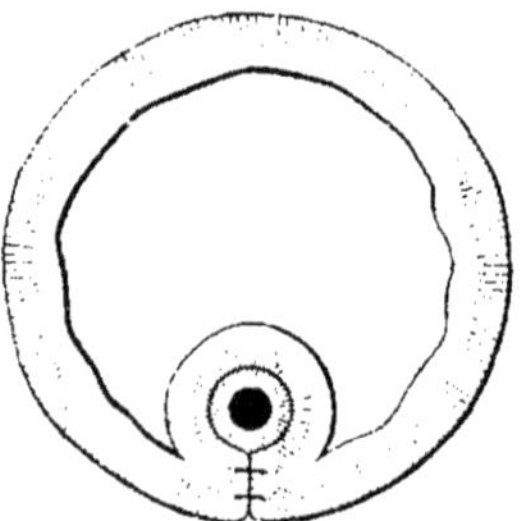

Fig. 11. — L'uretère enterré au fond d'un pli fait à l'intestin.

ensuite au fond d'un fossé intestinal par deux étages de sutures séro-séreuses de telle sorte qu'il serait complètement engainé sur une hauteur d'environ 2 centimètres (fig. 11).

Traitement des anus contre nature et des fistules stercorales.

Le traitement des anus contre nature peut se faire par la méthode lente ou par la méthode rapide.

I. — Méthode lente.

Dans la méthode lente *a*, on détruit, dans un premier temps, l'éperon pour rétablir le cours des matières; *b*, dans un second temps, on ferme la fistule.

a. — Entérotomie.

Pour la destruction de l'éperon (entérotomie) j'ai fait construire une pince entérotome spéciale qui présente des avantages sérieux sur les autres instruments décrits antérieurement : j'ai

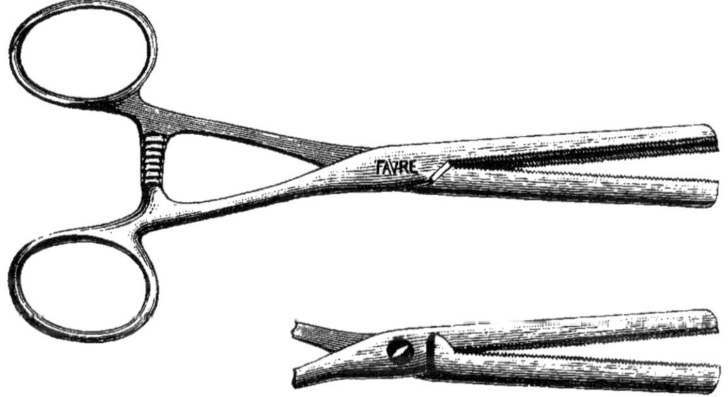

Fig. 12. — Pince entérotome de l'auteur.

conseillé aussi de faire d'une manière rapide la section de l'éperon entre deux longues pinces à mors flexibles laissées à demeure pendant deux ou trois jours.

J'ai établi également les indications suivantes pour l'entérotomie :

1° Avec un éperon long et mince, employer de préférence la méthode de Richelot qui consiste dans la section aux ciseaux de l'éperon, suivie de la suture immédiate aux crins de Florence.

2° Avec un éperon long et un peu épais, section entre deux pinces **Chaput**.

3° Avec un éperon peu accessible et divergent, applications répétées d'entérotome ou bien emploi des méthodes rapides.

4° Avec un éperon inaccessible ou épais de plus d'un centimètre, renoncer à l'entérotomie et recourir aux méthodes rapides.

Même indication si la brèche produite par l'entérotome se referme spontanément.

5° Anus anormaux avec un trajet très long et très étroit. Entérotomie contre-indiquée.

b. — **Fermeture de la fistule.**

L'éperon étant détruit et le cours des matières rétabli il nous reste à fermer la fistule.

On a renoncé depuis longtemps aux anciens procédés qui consistent à suturer la peau sans toucher à l'intestin et qui échouent constamment.

On n'emploie plus le procédé de *Denonvilliers* dans lequel on dissèque et suture la muqueuse rebroussée, car cette membrane se coupe sous les sutures.

Reste l'entérorraphie latérale de *Malgaigne* sans ouverture du péritoine ; et celle de *Czerny et Trélat* dans laquelle on ouvre systématiquement le péritoine. Entre ces deux méthodes extrêmes je conseille la formule suivante : « Libérer largement l'intestin sans s'occuper du péritoine, de façon qu'on puisse placer deux étages de suture séro-séreuses non tiraillées. » J'ai fait cette opération six fois avec six succès : quatre fois le péritoine n'a pas été ouvert.

L'entérorraphie latérale est surtout indiquée pour les petits orifices. Elle est insuffisante avec les grandes ouvertures. Ici, deux cas peuvent se présenter :

1° Il s'agit d'un *orifice consécutif à une simple entérostomie sur une anse intacte. L'intestin est rectiligne et parallèle à la paroi.*

Si on se contente de faire deux rangées de sutures à l'in testin, on s'expose à rétrécir considérablement l'intestin. C'est dans ces cas que j'ai conseillé l'excision losangique (**Chaput**) qui consiste à agrandir l'orifice de façon à lui donner

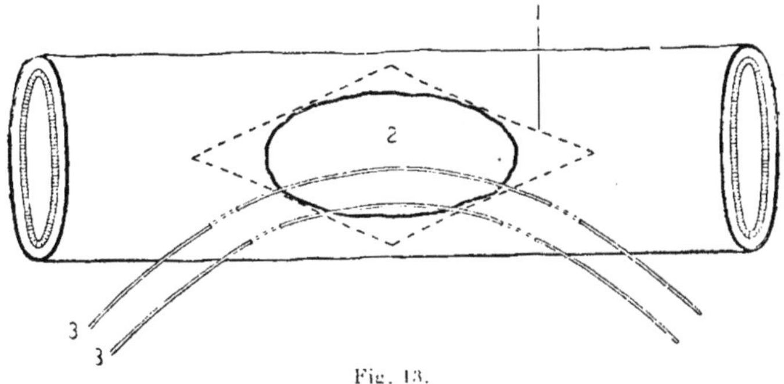

Fig. 13.

la forme d'un losange dont on suture les bords contigus : on fait ainsi une sorte d'entéroplastie comparable à l'opératio d'Heineke-Mikülicz.

2° *Lorsqu'il s'agit de deux bouts d'intestin implantés perpendiculairement à la paroi abdominale*, il est très difficile de rebrousser l'intestin en dedans pour l'adosser par des sutures séro-séreuses.

Je préfère alors la suture par abrasion que j'ai décrite pour la première fois au Congrès de chirurgie de 1889.

Je rappelle rapidement la technique de cette opération : Incision circulaire séparant l'intestin de la paroi sur une hauteur de 2 centimètres. Excision de la muqueuse aux ciseaux ou à la curette sur une hauteur de 1 centimètre. Sutures mettant au contact la face interne des musculeuses avivées.

J'ai exécuté treize fois la suture par abrasion avec neuf guérisons, un insuccès partiel et trois morts indépendantes de l'opération une par bride, une par péritonite tuberculeuse, une par oblitération très étendue du bout inférieur).

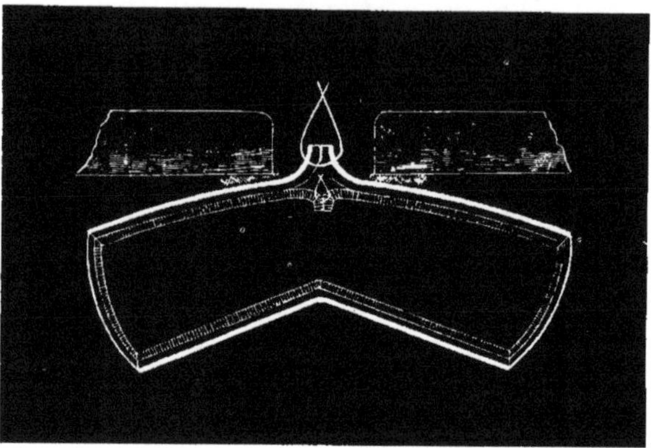

Fig. 14. — Traitement de l'anus contre nature par la suture par abrasion. On voit la suture muco-muqueuse et la suture par abrasion.

Je note encore les succès de Polaillon, Schwartz, Tuffier, Ricard, Hue, Villar, Mordret, Dayot père (succès partiel).

II. — Méthode rapide.

Avec la méthode rapide on guérit le malade par une seule opération.

On arrive à ce résultat : 1° soit en réséquant l'anse fistuleuse et en faisant la suture des deux bouts, *résection intestinale;* 2° soit par l'entérorraphie longitudinale ; 3° soit par l'entéro-anastomose.

1° J'ai fait deux fois avec succès la résection d'un anus contre nature avec mon collègue Marchand, de Saint-Louis. Les deux malades ont guéri. Dans le premier cas nous avons employé l'**entérorraphie circulaire avec fente** (Chaput), dans le second, l'**entérorraphie circulaire par abrasion** (Chaput). Je reviendrai sur ces deux procédés au chapitre des Sutures intestinales.

2° **L'entérorraphie longitudinale** (Chaput) consiste à faire d'un seul coup l'entérotomie et la fermeture de la fistule. On sectionne l'éperon aux ciseaux, on suture à trois étages les lèvres intestinales qui se correspondent, et on ferme l'orifice par adossement séro-séreux ou par abrasion.

J'ai eu un échec par ce procédé, mais j'ai eu le plaisir de voir cette méthode adoptée et exécutée avec succès par M. Adam, de Nancy (*Gaz. des hôp.* 1895), chez un malade atteint d'anus contre nature consécutif à une hernie gangrenée.

3° **Entéro-anastomose**. — Par l'entéro-anastomose on établit une communication latérale entre les deux bouts qui s'ouvrent à la peau et on rétablit ainsi le cours des matières. Cependant une partie des fèces continue à s'écouler à l'extérieur.

Pour remédier à cet écoulement M. *Comte* a coudé l'intestin transversalement ; il a échoué. M. A. *Dentu* a échoué pareillement en rétrécissant l'intestin par un pli longitudinal. Mes expériences sur le chien m'ont prouvé que ce procédé ne donnait aucun résultat.

Un procédé plus radical consiste à sectionner les deux bouts et à oblitérer les quatre orifices par invagination.

Je crois beaucoup plus simple de **faire une ligature des deux bouts à la gaze iodoformée au-dessous de l'anastomose** (**Chaput**).

J'ai pratiqué cette opération avec succès sur un malade que j'ai présenté guéri à la Société de chirurgie. La fistule s'était oblitérée spontanément sans autre intervention.

J'ai pratiqué avec succès une entéro-anastomose par le **procédé de la pince** (Chaput) pour un anus cæcal avec rétrécissement du côlon descendant. Je reviendrai sur le procédé au chapitre Entéro-anastomose. J'ai fait encore l'entéro-anastomose dans deux autres cas d'anus contre nature, un de ces malades a guéri, l'autre est mort.

Indications de l'entéro-anastomose.

Cette opération est de toutes la plus simple et la plus bénigne; elle est appelée, je crois, à remplacer toutes les autres méthodes. En effet, la résection expose fatalement à la souillure des mains et du champ opératoire; c'est en outre une opération autrement compliquée que l'anastomose. L'entérorraphie longitudinale est plus simple que la résection, mais elle ne se fait pas toujours en tissus sains, aussi les sutures peuvent-elles lâcher. Les méthodes lentes exigent des mois de traitement et leur bénignité n'est qu'apparente.

L'entéro-anastomose est formellement indiquée quand l'entérotomie échoue ou bien est inapplicable, et dans les anus cruraux qui se prêtent mal à la cure en deux temps.

Elle est encore indiquée lorsqu'il existe un rétrécissement du bout inférieur; on fera l'anastomose, soit entre les deux bouts fistuleux, soit entre l'intestin grêle et le gros intestin (iléo-colostomie).

Bibliographie.

1° Étude de plusieurs procédés nouveaux d'entérorraphie (*Congrès de chir.*, 1889).

2° Nouvelles méthodes opératoires pour la cure des anus contre nature et des fistules stercorales (*Arch. gén. de méd.*, 1890).

3° Iléo-colostomie par le procédé de la pince pour un anus cæcal consécutif à une occlusion. Guérison (*Académie*, 1889).

4° Traitement des anus contre nature. Étude des procédés de M. Chaput (*Thèse de Philippe*, 1890).

5° Résection d'intestin pour anus contre nature, suture circulaire par abrasion. Guérison (*Acad. de méd.*, 1890).

6° Étude histologique expérimentale et clinique sur la section de l'éperon (*Arch. gén. de méd.*, 1890).

7° Traitement des anus contre nature et des fistules stercorales. Trente-cinq observations personnelles (*Soc. de chir.*, 1894).

Étude histologique expérimentale et clinique sur la section de l'éperon des anus contre nature.

CONCLUSIONS.

Étude expérimentale.

Le simple établissement de l'anus contre nature chez le chien donne une mortalité considérable (cachexie, rentrée de l'intestin dans le ventre).

L'application de la pince ajoute encore aux chances de mort en provoquant des péritonites par perforation, qui s'expliquent par la friabilité extrême de l'intestin. Chez le chien, la pince tombe en deux jours, chez l'homme, en huit jours.

Certains chiens meurent rapidement, les uns sans autre lésion que de la congestion de l'intestin, les autres sans aucune espèce de lésion.

Étude histologique.

Chez le chien, les parois intestinales sectionnées par la pince se soudent bord à bord.

Les contractions de l'intestin provoquent une inflexion de ses parois qui aboutit à la formation des encoches péritonéales, des monticules musculaire et celluleux et du canal collecteur.

La muqueuse ne se soude pas. La réunion se fait par un tissu conjonctif intermédiaire de nouvelle formation, provenant des tuniques musculaire, celluleuse et sous-séreuse.

Les lésions histologiques de toutes les tuniques sont identiques à celles de l'étranglement herniaire aux premières périodes.

Chez le chien, la section par l'entérotome ne s'accompagne d'adhérences étendues que dans des conditions spéciales : par exemple quand la section se fait dans la zone d'insertion du mésentère, quand la section s'accompagne de phénomènes inflammatoires intenses, ou quand la couche celluleuse sous-péritonéale est particulièrement épaisse.

Les lésions infectieuses se rencontrent sous la forme d'abcès ayant pour siège les follicules clos ainsi que l'épaisseur de la musculeuse.

On observe des cocci et des bacilles allongés dans les portions nécrosées de la muqueuse.

Étude clinique.

1° Chez l'homme, la section de l'éperon par l'entérotome paraît suivie d'une soudure bord à bord.

2° On fera l'entérotomie avec la pince entérotome que j'ai fait construire.

3° On pincera 5 à 6 centimètres d'éperon.

4° On n'emploiera l'entérotome que pour les anus accessibles à éperon long et mince.

5° Pour éviter l'oblitération fréquente du bout inférieur il faut, au moment où l'on établit l'anus contre nature :

a. Faire toujours la résection de l'intestin et non la kélotomie sans réduction.

b. Faire cette résection très étendue (supprimer 20 centimètres d'intestin sur chacun des deux bouts au delà de la hernie).

c. Faire un débridement de l'anneau très étendu (4 à 5 cent.) à ciel ouvert et couche par couche.

d. Faire ensuite chaque jour des injections alimentaires dans le bout inférieur.

e. Si l'oblitération existe, il faut, par une opération, aller à la recherche du bout inférieur fallût-il pour cela ouvrir le péritoine et fixer ce bout à la peau, de façon à obtenir un anus simple, accessible.

6° On fera l'entérotomie aussitôt que l'état local et général le permettront. Le phlegmon stercoral sera détergé et cicatrisé, le malade après avoir maigri se sera mis à engraisser, il se lèvera et marchera.

7° L'entérotomie n'a aucune gravité quand on ne l'applique pas aux cas où elle est contre-indiquée. J'ai fait ou vu faire dix-huit entérotomies sans une mort.

8° L'entérotomie est contre-indiquée :

a. Dans les anus inaccessibles avec éperon divergent.

b. Quand le bout inférieur est aminci, atrophié par inactivité simple.

c. Quand les deux bouts sont ramollis, friables (tuberculose du péritoine, altération amyloïde de l'intestin), mauvais états généraux.

d. Quand il y a péritonite purulente plus ou moins latente.

e. Quand l'éperon est épais, il faut agir avec beaucoup de prudence.

Traitement des plaies pénétrantes de l'abdomen.

I. — Étude expérimentale sur le traitement des plaies de l'intestin chez le chien.

Sur 46 cas de plaies abdominales traitées par l'expectation, j'ai obtenu 15 guérisons et 31 morts, 68 p. 100.

Dans les coups de feu tirés transversalement, le nombre habituel des perforations était de 6, le maximum 26, le minimum 2.

Les hémorrhagies graves par blessure des artères mésentériques ont été observées 7 fois.

La guérison spontanée se fait par la soudure de l'épiploon au bourrelet muqueux qui perd sans doute rapidement son épithélium.

L'intervention chirurgicale m'a d'abord donné de mauvais

résultats : 1° parce que les coups de feu tirés à bout portant comme je le faisais, déterminent des lésions trop nombreuses et trop graves pour que les résultats soient concluants ; 2° parce que la structure de l'intestin du chien se prête mal aux opérations réparatrices. En effet, chez cet animal, l'intestin est mince, rigide, friable ; la muqueuse s'éverse avec une telle persistance qu'elle s'interpose entre les sutures ; enfin l'intestin présente un faible diamètre. De tout ceci, résulte que dans presque tous les procédés opératoires, on est exposé à commettre des fautes graves, telles que : sutures perforantes, impossibilité d'appliquer deux étages de suture sous peine de créer un rétrécissement (faible diamètre) ; impossibilité d'obtenir des sutures non tendues (rigidité).

Pour toutes ces raisons : lésions trop graves et technique imparfaite, l'intervention me donna d'abord sur 66 cas 54 morts (80 p. 100).

J'orientai alors mes recherches dans une autre direction : je fis des plaies uniques et j'imaginai un procédé opératoire n'exposant pas à des fautes de technique.

Ces plaies uniques, je les obtenais en ouvrant le ventre, et blessant à volonté aux ciseaux ou avec le pistolet, une anse tirée au dehors.

Je pris d'abord la précaution d'établir la mortalité de ces plaies uniques traitées par expectation. Sur 10 cas, j'obtins 7 morts et 3 guérisons.

Je refis des interventions avec mon nouveau procédé de greffe intestinale qui consiste à obtenir les perforations avec une anse saine. On peut ainsi exécuter des sutures à deux étages sans rétrécir l'intestin.

Sur 18 animaux opérés une demi-heure ou trois quarts d'heure après la plaie faite, j'ai, par la greffe intestinale, obtenu 18 guérisons.

Après trois quarts d'heure, les résultats ont été moins satisfaisants.

Remarquons que ce délai de trois quarts d'heure est beaucoup plus grand qu'il ne le paraît, car le chien meurt d'ordinaire très vite : sur 31 morts, 22 fois le décès survint avant la vingtième heure. On peut donc dire que ce délai de trois quarts d'heure chez le chien correspond à quatre ou cinq heures chez l'homme.

(Ce travail a été l'objet d'un rapport à la Société de chirurgie par M. G. Marchant.)

II. — Traitement des plaies pénétrantes de l'abdomen.

Soc. de chir., 16 janvier 1895.

A l'occasion d'une observation de plaie du cæcum par coup de couteau, traitée par la suture et suivie de guérison, de M. Rochard, j'ai étudié d'une manière générale le traitement des plaies de l'abdomen.

J'ai d'abord établi que dans l'immense majorité des cas, avec une plaie étroite et récente de la région ombilicale, il est impossible de diagnostiquer la pénétration d'après les symptômes présentés par le malade.

L'exploration au stylet, le débridement de la plaie ne peuvent pas non plus nous renseigner avec certitude.

En cas de plaie abdominale datant de quelques heures, il faut faire la laparotomie toutes les fois qu'on a un doute même léger sur l'intégrité de l'intestin. En un mot, on opérera toujours, sauf s'il existe une plaie en détour ou si la balle est sous la peau.

Si la plaie date de quelques jours, il faut laparotomiser si on a le moindre doute sur l'existence d'une septicémie intestino-péritonéale.

On s'abstiendra s'il s'agit d'une plaie datant de vingt-quatre ou quarante-huit heures avec une santé parfaite et une sensation de bien-être très accentuée.

L'expectation est dangereuse, elle fournit une mortalité de 60 à 70 p. 100.

La laparotomie précoce et bien exécutée est seule rationnelle et bénigne. Sur les cinquante-cinq laparotomies précoces d'Alder, si on retranche les fautes opératoires, et les cas de lésions très nombreuses, on trouve trente-deux cas avec vingt-six guérisons et six morts (18 p. 100).

Relativement à la technique opératoire, je pense qu'il est indispensable de dévider tout l'intestin pour être sûr qu'on

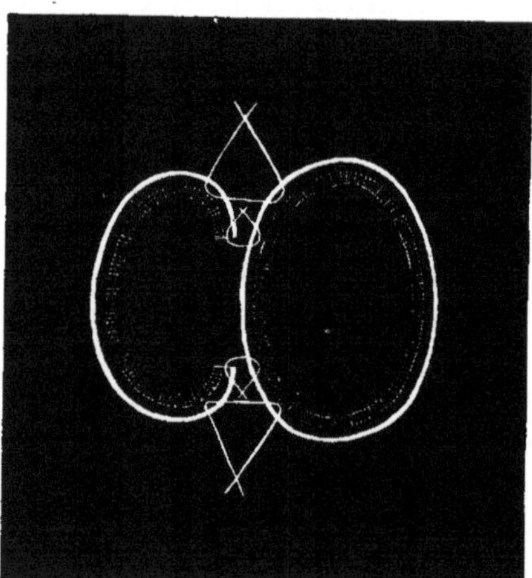

Fig. 15. — Greffe intestinale (coupe).

ne laisse pas une ou plusieurs perforations méconnues dans le ventre.

Pour trouver facilement la source d'une hémorrhagie, pour laver le péritoine jusque dans ses recoins, il faut faire une grande incision du pubis à l'ombilic et éviscérer tout l'intestin.

Pour réparer les perforations, on aura recours, selon les cas, à la suture à deux étages, à la greffe intestinale, à l'excision losangique ou même à la résection de l'intestin.

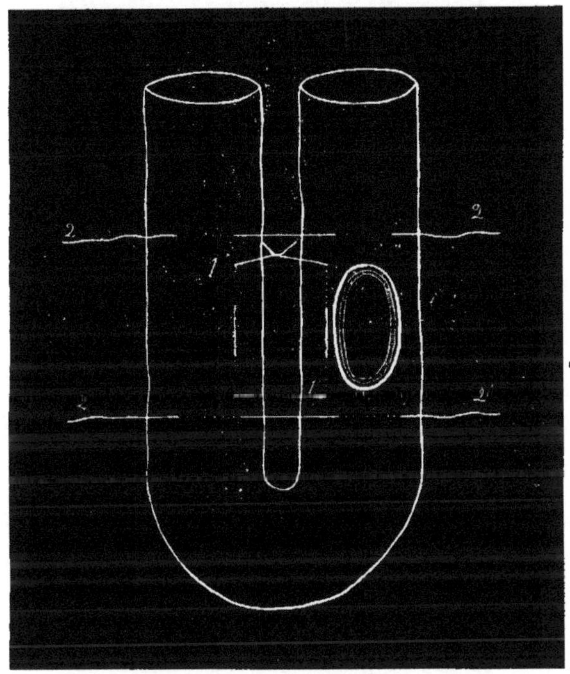

Fig. 16. — Greffe intestinale.

1. Sutures postérieures. — 2. 2. Sutures supérieure et inférieure.

La greffe intestinale et l'excision losangique ont à peu près une valeur analogue.

Nous avons décrit plus haut l'excision losangique (Voir Anus contre nature).

Voici la technique de la **greffe intestinale** (**Chaput**) : On met en regard de la perforation un point de l'anse blessée situé à quinze ou vingt centimètres au-dessus. Il s'agit maintenant d'oblitérer la perforation par des sutures réunissant

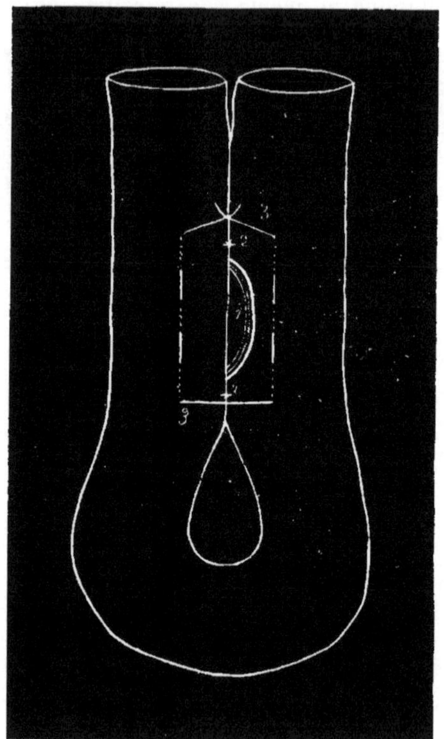

Fig. 17. — Greffe intestinale.
3. Sutures antérieures.

les deux anses, et passant en avant, en arrière, en haut et en bas de l'orifice en question.

Commençons par les sutures postérieures. Elles sont placées parallèlement au grand axe de l'intestin pour ménager l'étoffe. Chaque fil est passé dans la lèvre postérieure de la perforation.

puis dans un point symétrique de l'anse intacte. On place deux étages de sutures pour cette lèvre.

On met également deux étages de sutures en haut et en bas de la perforation, et sur des points symétriques de l'anse saine. Ces fils sont perpendiculaires au grand axe de l'intestin.

On termine par les sutures antérieures, qu'on exécute identiques aux postérieures et toujours sur deux plans.

De l'entéro-anastomose ou opération de Maisonneuve.

(*Arch. gén. de méd.*, 1891.)

Dans ce mémoire, j'ai rendu à notre compatriote Maisonneuve la justice qui lui était due, car c'est lui qui est le père de cette opération.

J'ai étudié et critiqué sévèrement la méthode des plaques de Senn; j'a décrit avec soin la technique de l'entéro-anastomose par la méthode des sutures (Wölfler).

J'ai aussi donné la description d'un procédé inédit d'anastomose intestinale, le **procédé de la pince (Chaput)**.

Voici la technique de cette opération :

« On amène dans la plaie abdominale les deux anses que l'on veut anastomoser et on commence par les suturer latéralement l'une à l'autre sur une hauteur de cinq centimètres. On les fixe ensuite l'une et l'autre au péritoine pariétal de la lèvre correspondante de l'incision abdominale, de façon que les deux anses soient exposées par une partie de leur surface. On ferme alors la plaie en haut et en bas. Il ne reste plus pour terminer le premier temps, qu'à faire une incision longitudinale de un centimètre sur chaque intestin.

Dans un second temps, on place une pince ou un entérotome pour faire une brèche à l'éperon.

Enfin, dans un troisième temps, on pratique l'oblitération des orifices extérieurs.

J'ai publié trois observations personnelles dans le mémoire :

Première observation. — Entéro-colostomie iliaque gauche

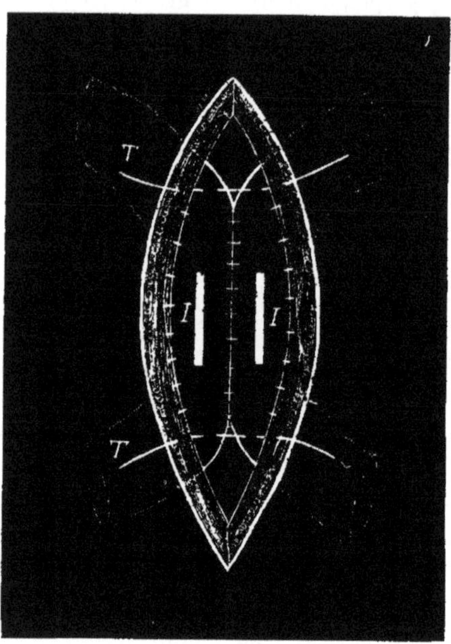

Fig. 18. — Anastomose par le procédé de la pince (Chaput).

I. Incisions sur l'intestin. — TT. Sutures terminales fermant le péritoine en haut et en bas.

par le procédé de la pince pour un anus cæcal avec rétrécissement du côlon descendant. Guérison (*Académie de méd.*, 1889).

Cette observation est la première entéro-anastomose faite et guérie en France, depuis les tentatives oubliées de Maisonneuve.

Deuxième observation. — Anastomose de l'intestin grêle et

de l'S iliaque pour un anus contre nature ombilical compliqué de rétrécissement des deux bouts. Guérison, par MM. Terrillon et Chaput (*Académie de médecine*, 1890).

Troisième observation. — Anus contre nature iléo-cæcal, consécutif à une résection pour tuberculose du cæcum. Entéro-anastomose. Mort, par MM. Chaput et Reclus.

J'ai publié avec M. Terrillon à l'Académie en 1891, une *quatrième observation d'entéro-anastomose pour un cancer du cæcum. Guérison.*

Voici les conclusions de cette étude :

1° L'entéro-anastomose par le procédé de la suture est brillante et rapide, mais difficile et dangereuse. On peut espérer que les progrès de la technique empêcheront à l'avenir l'oblitération de l'orifice.

L'entéro-anastomose par le procédé de la pince est facile et bénigne. Elle est longue et demande plusieurs séances. Lorsque l'intestin est épais et surchargé de graisse, elle expose à l'oblitération de l'orifice.

Le procédé de Senn est à rejeter comme long, difficile, dangereux ; de plus, il ne donne qu'un orifice insuffisant.

2° L'entéro-anastomose est contre-indiquée dans l'occlusion aiguë ou très accentuée (du moins l'anastomose en un temps) ; contre-indiquée dans les hernies gangrenées, peu utile dans les hernies étranglées avec anse suspecte ; exceptionnellement indiquée dans les plaies d'intestin.

Elle peut être employée avantageusement pour certains rétrécissements de l'intestin. Elle constitue l'opération de choix pour le cancer de l'intestin et pour les anus contre nature ombilicaux compliqués de rétrécissement des deux bouts.

3° La mortalité est de 25 p. 100 environ.

4° L'entéro-anastomose mérite le nom d'opération de Maisonneuve.

Traitement des hernies gangrenées.

(*Soc. de chir.*, 1894.)

J'ai soutenu dans ce travail que la suture intestinale était moins grave que l'anus contre nature dans le traitement des hernies gangrenées.

En effet, d'après ma statistique personnelle, sur sept cas j'ai eu six morts, 85 p. 100, dont quatre de collapsus. Ces quatre cas rentrent dans la mortalité inévitable. Deux autres malades moururent tardivement de phlegmon herniaire et d'épuisement.

Donc la mortalité inévitable de l'anus contre nature est de 57 p. 100 et la mortalité inhérente au procédé opératoire est de 28 p. 100.

Dans la statistique de Barette, sur quarante et un cas de résection primitive, il y a vingt-trois morts (47 p. 100). Sur ces vingt-trois décès, on constate que la mort a été indépendante de l'opération dans seize cas. Dans sept autre cas, la mort a été le résultat de l'opération elle-même (perforation, gangrène, péritonite, etc.). Donc la suture comporte 32 p. 100 de mortalité inévitable et 14 p. 100 de mortalité inhérente au procédé. Or, non seulement avec la suture intestinale, la mortalité du procédé est plus faible que celle de l'anus contre nature, mais encore on peut espérer, grâce aux progrès incessants de la chirurgie intestinale, que la mortalité due au procédé disparaîtra complètement lorsque nous aurons une technique parfaite.

Au contraire, les inconvénients inhérents à l'anus contre nature ne peuvent disparaître (inanition et phlegmon stercoral) puisqu'ils sont liés à l'écoulement stercoral qui fait partie intégrante de la méthode.

J'ai rapporté à la fin de ce mémoire, une observation de résection de hernie gangrenée, suivie de suture circulaire avec fente. Guérison, par Chaput et Beaussenat.

Voici les conclusions de ce travail :

1° La hernie gangrenée comporte un pronostic très grave : quel que soit le traitement employé, on aura toujours une mortalité inévitable liée à l'infection généralisée.

2° La suture intestinale est supérieure à l'anus contre nature ; elle n'expose pas au phlegmon herniaire ni à l'épuisement par inanition ; elle guérit en une seule séance, tandis que la seconde méthode laisse subsister une infirmité dégoûtante qui nécessite ultérieurement des opérations multiples et graves.

La mortalité liée à la méthode elle-même, est considérable avec l'anus contre nature (28 p. 100), et il est impossible de songer à la diminuer par une technique plus parfaite. La suture comporte moins de dangers propres à la méthode (seulement 15 à 20 p. 100) et le jour n'est pas loin où ces inconvénients seront réduits à néant. La mortalité de l'anus restera donc toujours égale à 80 ou 90 p. 100, tandis que celle de la suture tombera à 30 ou 40 p. 100.

3° Les principaux perfectionnements de la suture consistent dans un large débridement de l'anneau, de dehors en dedans, une résection large de l'intestin emportant tous les tissus malades ou suspects, l'emploi de la suture circulaire avec fente, la non-réduction de l'anse, le drainage du péritoine.

4° La suture est contre-indiquée quand il existe du collapsus, une péritonite grave et quand on est dans de mauvaises conditions pour opérer.

5° Si les lésions sont peu étendues, il est avantageux de les enterrer au fond d'un pli maintenu par un double étage de sutures (procédé de l'invagination).

6° Si les lésions étendues en largeur n'occupent pas toute la circonférence de l'intestin, on pourra, si les régions voisines sont saines, se contenter d'une excision losangique qu'on réunira comme dans la suture circulaire avec fente.

Généralités sur les sutures intestinales.

A. — Recherches expérimentales sur le bouton de Murphy.

Soc. de chir., 14 nov. 1894.

Avec le concours de mes internes MM. Lenoble et Angelesco, nous avons fait des mensurations sur le calibre de l'intestin et sur la migration du bouton de Murphy. Nous avons constaté que le gros et moyen bouton de Murphy ne passaient qu'avec la plus grande difficulté à travers l'intestin; dans nombre de cas la migration était absolument impossible.

Pour le petit bouton, sur vingt-quatre cas, nous avons noté quinze passages faciles, six passages très difficiles et trois arrêts absolus.

J'ai présenté à la Société un calcul biliaire mesurant 22 millimètres de diamètre, c'est-à-dire sensiblement égal au diamètre du petit bouton (21 millimètres); le calcul avait causé une occlusion intestinale mortelle.

J'ai fait huit opérations de Murphy sur le chien, avec quatre guérisons et quatre morts.

L'examen histologique des cas de guérison m'a montré que cette opération n'est suivie d'aucun rétrécissement. Elle est à ce point de vue supérieure à toutes les autres méthodes.

Dans deux cas l'animal est mort de péritonite, l'intestin étant sphacélé sans perforation.

Dans un troisième cas la perforation était évidente.

Dans le quatrième cas il s'agissait d'une gastro-entérostomie : l'intestin se dégagea du bouton.

J'ai rassemblé les accidents suivants chez l'homme : deux morts de Demons (péritonite), 1 mort de Zielewicz (id.),

Avantages et inconvénients du bouton de Murphy.

Le bouton anastomotique présente les avantages suivants :

1° Son emploi est simple et rapide, l'opération s'exécute en dix ou quinze minutes ;

2° Il n'expose pas à des fautes opératoires analogues à celles des sutures perforantes ;

3° Il ne produit pas de rétrécissement tardif.

Voici maintenant les inconvénients :

1° La lumière du bouton peut être oblitérée par des matières fécales quand on le place dans le gros intestin. Ce bouchon, en gênant la circulation des gaz et des matières, peut occasionner de l'occlusion ;

2° Lorsque le bouton est trop serré, il expose à la perforation de l'intestin ;

3° Lorsqu'il n'est pas assez serré, l'intestin peut se dégager ;

4° Il est à craindre que le gros et le moyen bouton ne puissent toujours traverser l'intestin grêle. Pareil accident peut être à redouter même avec le petit bouton ;

5° Quand on emploie le bouton pour le gros intestin, les appendices graisseux de ce dernier peuvent, lorsqu'ils sont volumineux, empêcher une coaptation exacte des surfaces qu'on veut accoler. Il en résulte des solutions de continuité par lesquelles s'échappent les matières intestinales ;

6° La construction du bouton actuel est défectueux : ses bords trop étroits ulcèrent l'intestin, les crochets soudés à l'étain sont peu solides et se dessoudent facilement par le flambage, l'ébullition à la glycérine ou l'étuve sèche.

En résumé, en tenant compte des avantages et des inconvénients du bouton de Murphy, on arrive à cette conclusion que cet appareil est très ingénieux, qu'il abrège notablement la durée des opérations intestinales, les rend plus faciles et évite le rétrécissement tardif. Malheureusement son emploi n'est pas sans danger, son application réclame beaucoup de précautions et de prudence. Enfin il est utile de lui faire subir un certain nombre de modifications pour en faire un instrument satisfaisant.

Depuis la publication de ce travail j'ai appris trois morts par perforation (cas de Quénu, P. et S.), et un cas de fistule stercorale consécutive (R.). On voit si mes réserves étaient fondées.

De nombreux accidents analogues ont été publiés récemment à la Société de chirurgie de New-York.

B. — **L'entéro-anastomose par les procédés de Senn et de Wölfler.** (*Soc. anat.*, juillet 1894, et *Presse méd.*, 14 juillet 1894.)

J'ai montré les nombreux inconvénients de la méthode de Senn. En effet, la décalcification des plaques au degré voulu est difficile et délicate ; l'opération est longue, car les quatre fils de Senn ne suffisent pas, et d'après l'auteur lui-même, il faut ajouter une suture continue séro-séreuse sur la limite des plaques. D'après mes expériences et celles de Reichel il faut vingt minutes pour l'opération de Senn et douze minutes pour l'entéro-anastomose avec la suture à deux étages de Czerny.

Les plaques se résorbent très vite, ce qui prouverait qu'elles ne servent à rien.

Enfin, sur les dix faits réunis dans la thèse de Magill et qui représentent la totalité des gastro-entérostomies (par la méthode de Senn) ayant survécu un certain temps, on trouve trois oblitérations absolues, cinq rétrécissements considérables ; sur un malade de Senn qui mourut avec des vomissements incessants, les dimensions de l'orifice ne sont pas indiquées ; le dernier malade n'était opéré que depuis trois semaines.

J'ai présenté à la Société anatomique les pièces d'un animal opéré par la méthode de Senn : l'animal mourut ; à l'autopsie, pas de péritonite, le bout supérieur était dilaté, il y avait occlusion au niveau de l'anastomose : elle était produite par un glissement des plaques l'une sur l'autre, grâce auquel les deux orifices ne se correspondant pas, la communication se trouvait réduite à une fente linéaire.

La méthode de *Wölfler* (sutures) expose elle-même au rétrécissement de l'orifice, mais beaucoup plus rarement. On peut d'ailleurs remédier à cet inconvénient par les précautions suivantes :

1° En faisant les sutures muco-muqueuses au catgut (les soies en persistant très longtemps irritent les tissus) ;

2° En faisant non pas une incision, mais une excision elliptique sur l'estomac ou l'intestin ;

3° On peut encore faire des anastomoses très longues, de six à huit centimètres ;

4° On peut employer le procédé d'*anastomose valvulaire* que j'ai décrit au chapitre Gastro-entérostomie.

C. — **Sur un nouveau procédé opératoire pour l'établissement de l'anus contre nature. Procédé de la forcipressure.** (*Acad. de méd.*, 1892. *Arch. gén. de méd.*, 1892.)

Chez certains sujets l'intestin est d'une minceur telle qu'il est impossible de ne pas faire des sutures perforantes qui inoculent fatalement le péritoine.

Pour éviter cet inconvénient je procède de la façon suivante :

Après avoir incisé l'abdomen et reconnu l'anse que je veux ouvrir je saisis en même temps entre les mors d'une pince à disséquer à griffe : 1° un pli d'intestin ; 2° le péritoine et une partie de la couche musculaire de la paroi abdominale. Je saisis alors toutes les parties saisies par la pince à disséquer avec une pince hémostatique. Je place ainsi quatre pinces sur la lèvre externe de l'incision et autant sur la lèvre interne.

Je fais alors une petite incision de 1 centimètre pour ouvrir l'intestin. Chaque lèvre de l'orifice intestinal est suturée à la peau.

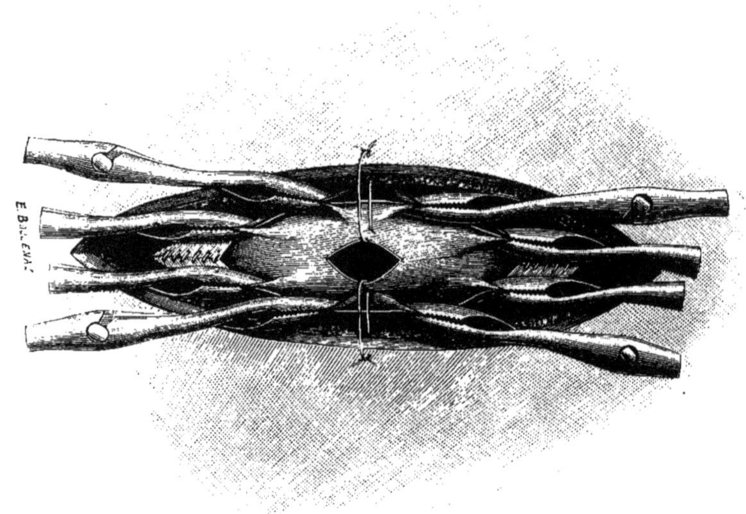

Fig. 19. — Établissement de l'anus contre nature (entérostomie) par le procédé de la forcipressure (Chaput).

Les pinces sont laissées en place pendant vingt-quatre ou quarante-huit heures.

Ce procédé se recommande par sa simplicité et sa bénignité. Je l'ai employé quatre fois avec succès.

D. — **Sur un nouveau procédé de greffe intestinale : Greffe de gaze iodoformée.** *Congrès de chir.*, 1891.

J'ai pu, chez le chien, obturer de larges perforations de l'intestin faites avec l'instrument tranchant, avec des rondelles de gaze iodoformée épaisses de cinq à six doubles que je suturais au pourtour de la perforation. Trois chiens à qui j'avais fait des solutions de continuité de 3 centimètres sur 2 centimètres, ont été traités par la greffe de gaze iodoformée, ils ont tous les trois guéri.

Cette greffe adhère immédiatement à l'épiploon, qui vient s'appliquer sur elle et la doubler. Puis peu à peu elle descend dans l'intestin et s'élimine complètement. En un mot elle sert de défense provisoire en attendant que l'adhérence épiploïque soit constituée.

Cette méthode intéressante à un point de vue général ne m'a pas donné de résultats satisfaisants pour le traitement des plaies de l'abdomen. On peut l'utiliser en appliquant des bandelettes iodoformées à la surface des lignes de suture pour les renforcer.

On pourrait peut-être l'employer aussi dans le cas de plaie du rectum au cours d'une laparotomie, trop large pour être obturée par une suture à deux étages.

Nouveaux procédés de sutures intestinales.

I. — Entérorraphie longitudinale.

L'entérorraphie longitudinale consiste à faire sur chacun des deux bouts une fente longitudinale de 5 à 6 centimètres et à suturer ensemble les bords des deux fentes. Ce premier point réalisé, on a comme résultat, d'après l'ingénieuse comparaison de Duchamp, une culotte dont le corps est représenté par la portion suturée.

Pour terminer l'opération il reste à fermer la culotte au niveau de la ceinture.

Voici la succession des temps opératoires :

1° Accolement des deux anses par des sutures.

Les deux bouts encore intacts sont posés côte à côte parallèlement. A égale distance du mésentère et du bord convexe, on

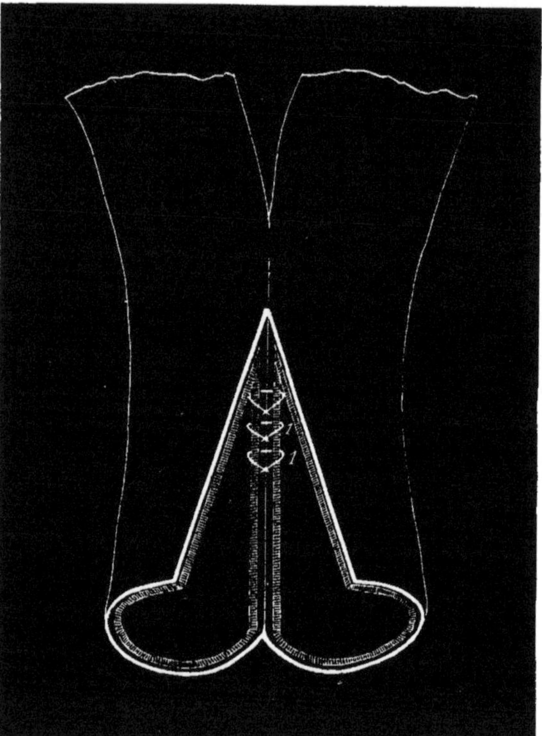

Fig. 20. — Entérorraphie longitudinale.

fait une première rangée de sutures séro-séreuses qui réunit les deux bouts sur une hauteur de 6 à 7 centimètres.

Immédiatement au-devant de ce plan de sutures on en exécute un second identique.

2° Incision longitudinale.

On pratique alors, avec des ciseaux, sur chaque bout, une fente de 5 à 6 centimètres, située immédiatement au-devant du

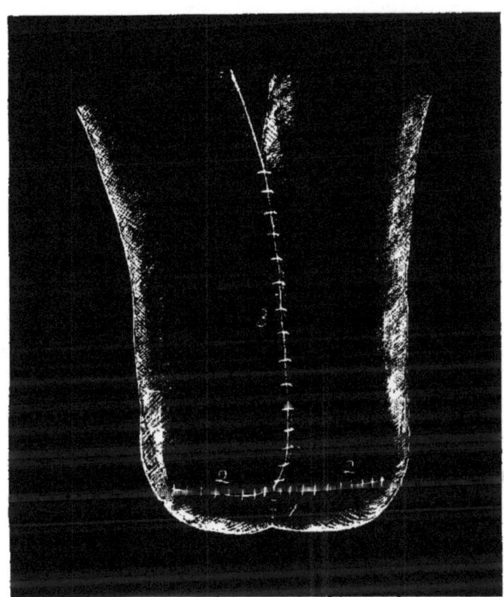

Fig. 21. — Entérorraphie longitudinale. Opération terminée.

second plan de sutures, et dans le voisinage du bord convexe de l'intestin.

3° Suture muco-muqueuse postérieure.

Les deux fentes ainsi produites présentent deux lèvres postérieures et deux lèvres antérieures, qu'il s'agit de suturer ensemble.

On fait sur les lèvres postérieures déjà accolées la suture

muco-muqueuse de Wölfler à nœuds internes et on passe ensuite aux lèvres antérieures.

4° Suture des lèvres antérieures.

On fait sur celles-ci, comme sur les précédentes, deux plans séro-séreux et un plan muco-muqueux, mais dans un ordre inverse : on commence par la suture muco-muqueuse dont on noue les fils cette fois en dehors et on termine par les deux plans séro-séreux.

5° Fermeture de l'orifice terminal.

J'avais préconisé jadis la suture par abrasion pour ce temps opératoire : mais je dois dire que des essais plus récents m'ont convaincu de la facilité et des avantages de la suture séro-séreuse. On fermera donc l'orifice terminal par un double étage de Lembert.

Avantages de ce procédé.

1° Ce procédé permet des adossements aussi larges que possible, sans avoir jamais à craindre de rétrécissement.

2° Il remplace le rétrécissement habituel par une dilatation.

3° On n'a pas à compter avec les difficultés opératoires ni avec la région mésentérique comme dans les autres procédés.

4° Il est surtout avantageux quand il s'agit de réunir deux intestins de calibre très inégal.

5° Ce procédé donne de grandes facilités lorsqu'on veut ménager une fistule de sûreté : la fistule placée à l'extrémité des deux bouts ne compromet nullement la réunion comme cela aurait lieu pour une suture circulaire.

L'entérorraphie longitudinale a donné à Duchamp de beaux succès dans deux cas de résection pour hernie gangrenée. (Voir thèse de Marin, Lyon, 1891.

M. Adam, de Nancy, a guéri aussi par ce procédé un anus contre nature. (Voir Anus contre nature.)

J'ai eu un échec avec l'entérorraphie longitudinale chez une malade que j'ai opérée pour un anus contre nature dans le service du professeur Berger.

II. — Suture circulaire par abrasion. — Procédé de l'auteur.

Premier temps. — Dissection de la muqueuse.

A l'aide de pinces et de ciseaux à strabisme, on sépare rapidement la muqueuse de la musculeuse sur toute la circonférence des deux bouts et sur une hauteur d'un centimètre environ. On se garde bien de la sacrifier, comme je le faisais dans le procédé primitif, car cette pratique provoque des hémorrhagies gênantes. Mieux vaut conserver la muqueuse et s'en servir pour la suture interne.

Deuxième temps. — Suture interne de la muqueuse.

Pour la demi-circonférence postérieure, on noue les fils en dedans.

Pour la demi-circonférence antérieure, on noue en dehors.

Troisième temps. — Suture par abrasion et suture séro-séreuse.

On exécute un double plan de suture :

1° La suture par abrasion en mettant en contact la face interne des musculeuses avivées ;

2° La suture séro-séreuse de sûreté.

On peut faire ces deux plans avec des fils distincts ou plus simplement avec un seul fil, comme l'indique la figure 22.

Les avantages de cette méthode sont les suivants :

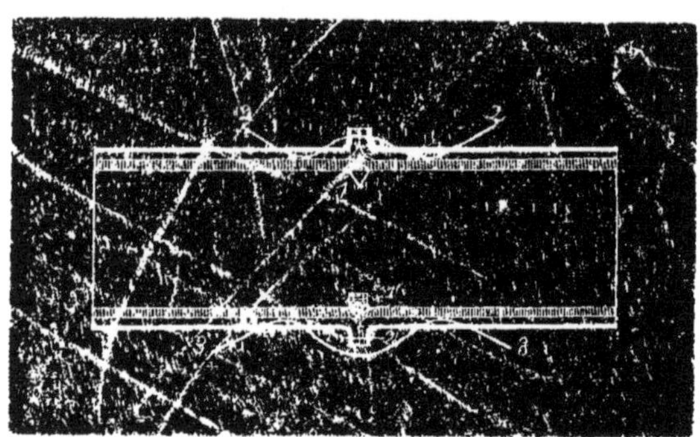

nature, suture circulaire par abrasion. Guérison (*Académie*, 1890).

III. — Suture circulaire avec fente.

1° Suture de la demi-circonférence postérieure.

On commence par les points muco-muqueux de la région mésentérique ; on place ensuite le premier étage de points muco-muqueux de la demi-circonférence postérieure ou mésentérique.

2° Exécution de la fente, suture de cette fente.

On fait aux ciseaux, sur le bord convexe de chaque bout, une fente de 3 centimètres environ. On arrondit les lambeaux ainsi formés en réséquant leur sommet pointu, ce qui donne à

Fig. 23. — Suture circulaire avec fente.

1. Fil muco-muqueux. 2. Fils séro-séreux.

la fente la forme d'un losange. On suture les bords contigus du losange, comme on peut le voir sur la figure 23, par la suture à trois étages.

3° Deuxième et troisième étages séro-séreux.

On n'oubliera pas de placer un second et un troisième étages

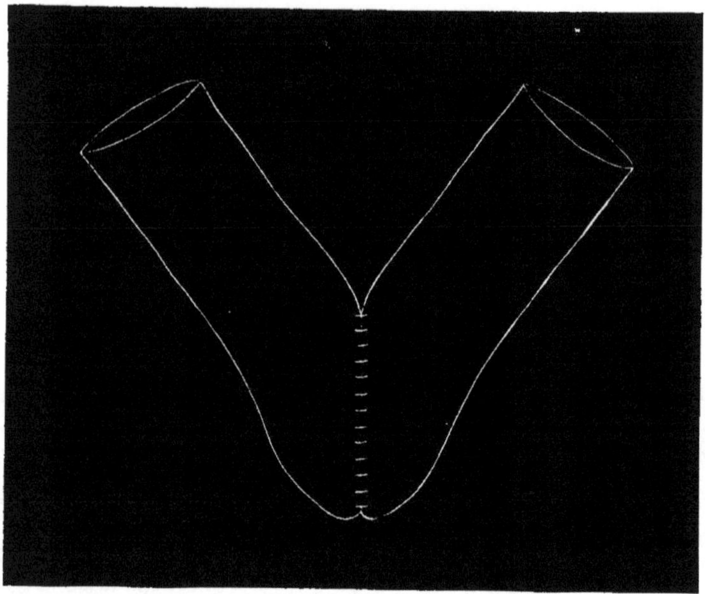

Fig. 24. — Suture circulaire avec fente, terminée.

séro-séreux sur toute la circonférence de l'intestin, en observant pour le mésentère les précautions formulées plus haut.

Avantages de la fente.

Le fait de pratiquer une fente longitudinale sur l'intestin augmente singulièrement les dimensions de l'orifice de communication des deux bouts ; cette fente permet également de remédier très efficacement aux inégalités de calibre. Il suffit en effet de prolonger un peu plus l'incision longitudinale sur le bout le plus étroit pour trouver l'étoffe désirable. Ce procédé m'a donné de beaux succès sur le chien.

Cette opération a été faite avec succès par le Dr Le Grix, pour une hernie gangrenée, par MM. Chaput et Beaussenat, pour un cas analogue (Traitement des anus contre nature. *Soc. de chir.*, 1894), par MM. Marchand et Chaput, pour un anus contre nature (Traitement des anus contre nature, *loc. cit.*).

IV. — Description d'un nouveau procédé de suture intestinale. Suture par invagination et abrasion. (*Bull. Soc. anat.*, 1894.)

Technique.

1° Abrasion de la muqueuse du bout inférieur.

Je commence par détruire la muqueuse du bout inférieur sur

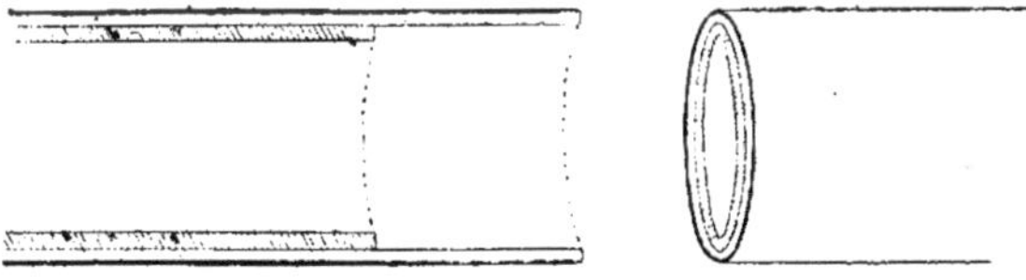

Fig. 25. — Abrasion de la muqueuse du bout inférieur.

une hauteur de 2 centimètres à l'aide d'une curette tranchante (fig. 25).

2° Exécution de deux fentes latérales sur le bout inférieur.

Je fais avec des ciseaux deux fentes latérales sur le bout inférieur, fentes situées à égale distance entre le mésentère et le bord convexe de l'intestin. Ces deux fentes ne doivent pas atteindre tout à fait les limites de la région abrasée.

Les deux lambeaux sont éversés et on achève avec la curette d'enlever les derniers débris de muqueuse. Je tiens à faire une recommandation très importante : il faut bien se garder de détacher le mésentère du bout supérieur avant de l'invaginer. Une telle pratique provoquerait à coup sûr le sphacèle de ce bout et la mort du malade. On invagine alors le bout supérieur dans l'inférieur et on procède aux sutures.

3° Suture des bords de la fente au bout supérieur.

La rétractilité des tissus a donné à chaque fente la forme d'un V.

Je place alors des sutures séro-séreuses qui traversent :

1° Un des bords de la fente ; 2° la paroi du bout supérieur.

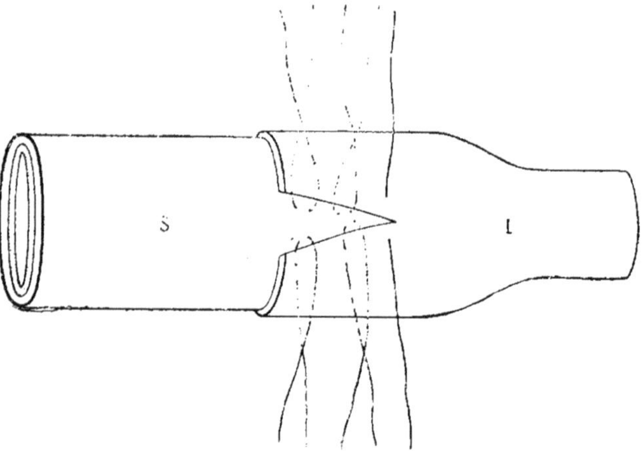

Fig. 26. — Sutures séro-séreuses réunissant les bords de la fente à la paroi du bout supérieur. Cette figure montre que ce procédé est applicable quand le bout inférieur est plus étroit que le supérieur.

Je fais des sutures distinctes pour chaque lèvre de la fente (voir fig. 26).

Au sommet du V, je passe un fil transversal qui traverse : 1° une des lèvres ; 2° la paroi du bout supérieur ; 3° l'autre lèvre de la fente. Toutes ces sutures sont séro-séreuses, comme on peut le voir sur la figure 26. [illegible] persister au sommet du V se [illegible]

Je répète les mêmes manœuvres [illegible] l'opération est terminée.

Cette opération est très rapide, elle s'ex[illegible] minutes sur le chien, en un quart d'heure au p[illegible] Elle soude les parois intestinales par de larges s[illegible] sutures ne sont pas perforantes et l'intestin n'est pas [illegible]ment rétréci.

La description précédente s'applique surtout aux cas où les deux bouts sont d'égal calibre. Dans ces conditions, quoique les sutures ne soient pas disposées circulairement, la fermeture est cependant hermétique. En effet la suture rétrécit un peu le bout inférieur et applique très exactement les parois abrasées sur le bout supérieur avec lequel la soudure se fait rapidement ; ce contact est très intime et très serré, car la légère compression exercée par le bout inférieur sur le bout invaginé et sur la portion du mésentère qui l'accompagne, produit une certaine gêne de la circulation veineuse.

Il en résulte que la partie invaginée s'œdématie, se tuméfie, et s'applique très étroitement contre la face interne abrasée du bout inférieur, de telle sorte que les matières intestinales ne peuvent fuser entre les deux bouts.

Lorsque le bout inférieur est très large, comme dans le cas où l'on réunit l'intestin grêle au gros intestin, il faut faire, non plus une simple fente, mais une excision triangulaire afin que le contact soit intime.

En outre, au lieu de suturer isolément les bords de chaque fente, il est indiqué de réaliser une réunion linéaire qui rétrécira convenablement les bouts trop larges.

Lorsque le bout inférieur est plus étroit que le bout supérieur, je conseille de faire deux rangées de sutures sur les deux bords de chaque fente, de façon à laisser ces bords écartés l'un de l'autre ; c'est en somme l'exagération de la méthode suivie quand les deux bouts sont d'égal calibre. Grâce à ces précautions, les sutures ne seront pas tiraillées et le bout supérieur ne sera pas comprimé d'une manière excessive (voir fig. 26).

Il me reste à examiner une dernière hypothèse : c'est lorsque le bout inférieur, après abrasion, n'est plus capable de porter des sutures non perforantes. Il est alors indiqué d'exécuter les sutures à la manière ordinaire ; on repliera ensuite en dedans les petits lambeaux flottants qui se trouvent entre le fil et la fente. Ces lambeaux repliés se souderont aux parois voisines et rendront de ce fait les sutures non perforantes.

J'ai exécuté cette opération six fois chez le chien avec six succès. Je n'ai eu aucun cas de mort par le procédé que j'ai décrit.

J'ai employé ce procédé une fois sur l'homme, avec un insuccès. Il s'agissait d'une hernie gangrenée. Dans les cas de ce genre les matières sont si fluides et sous une tension si considérable que je considère ces conditions comme contre-indiquant formellement ce procédé.

V. — Description et emploi d'un instrument spécial dit gouttière anastomotique pour l'exécution des opérations sur l'estomac, l'intestin et la vésicule biliaire.

La gouttière anastomotique vue de face a la forme d'un anneau elliptique. Elle est percée au centre d'un orifice qui mesure 5 millimètres de large sur 30 millimètres de long (grand modèle) ; quand on la regarde de profil on constate que ses bords ont la forme d'une gouttière qui fait tout le tour de l'instrument. Cette gouttière mesure 7 millimètres de profondeur et 1 centimètre de large.

L'appareil est en étain : les bords des gouttières présentent de chaque côté six incisures et les lames séparées par ces incisures sont minces et flexibles.

Voici comment on emploie cet appareil : Supposons qu'il

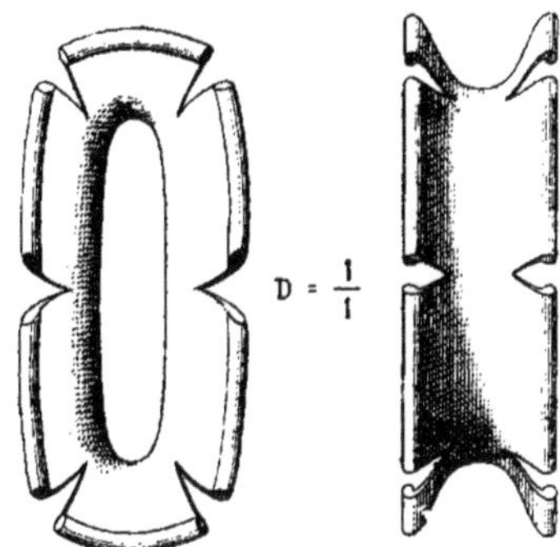

Fig. 27. — Gouttière anastomotique vue de face et de profil.

s'agit d'une entéro-anastomose ou d'une gastro-entérostomie. L'incision sur chaque viscère ayant été faite, on passe à travers

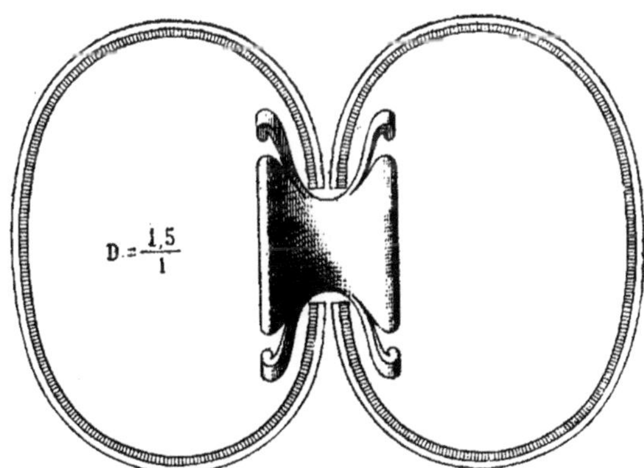

Fig. 28. — Entéro-anastomose. — La gouttière est placée, mais non serrée.

les lèvres de l'orifice stomacal, s'il s'agit d'une gastro-entérostomie, une suture en bourse comme celle qu'on applique sur le bouton de Murphy. On engage alors les bords de l'orifice dans la concavité de la gouttière, on tire sur les deux chefs du fil en bourse qu'on noue solidement.

Même manœuvre sur l'intestin, passage du fil en bourse, engagement des lèvres de l'orifice intestinal dans la cavité de la gouttière, et serrage du fil en bourse.

A travers les parois stomacales et intestinales on comprime avec les doigts les lames flexibles qui limitent la gouttière, et on les rapproche jusqu'à ce qu'on ait la notion que ces lames sont

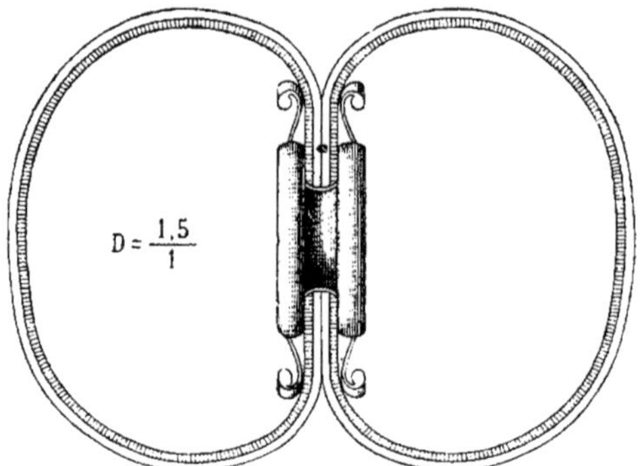

Fig. 29. — Entéro-anastomose. — La gouttière est serrée.

au contact des parois gastro-intestinales. Il est aussi facile de serrer la partie postérieure de la gouttière que la partie antérieure et ses extrémités.

Suture circulaire. — La technique est identique, mais la gouttière est plus petite. On passe un fil en bourse dans l'orifice d'un des bouts, on les noue sur la gouttière ; on passe le fil en bourse sur l'orifice de l'autre bout, on le noue sur la gouttière. On rapproche ensuite les bords de la gouttière jusqu'au contact.

Remarque importante. — Pour empêcher que les bords de la gouttière n'ulcèrent l'intestin par compression je les ai fait déjeter en dedans de façon à présenter un large bourrelet qui comprimera l'intestin, au lieu d'un bord étroit. Pour plus de sécu-

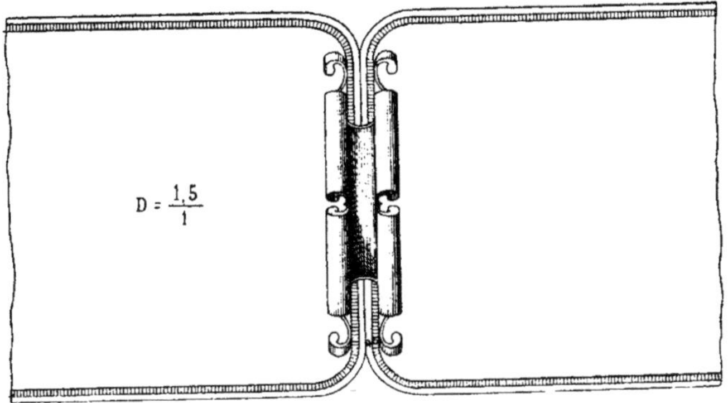

Fig. 30. — Suture circulaire exécutée avec la gouttière.

rité je conseille de placer un étage de points séro-séreux en dehors de la gouttière. J'ai d'ailleurs fait la même recommandation pour le bouton de Murphy.

Applications. — La gouttière anastomotique peut être employée pour la gastro-entérostomie, l'entéro-anastomose, la cholécystentérostomie et la suture circulaire. Il existe des modèles spéciaux pour chacune de ces opérations.

Avantages. — 1° Cette méthode s'exécute en 10 ou 12 minutes, elle est aussi *rapide* que celle de Murphy ; elle est même plus rapide que cette dernière, pour laquelle on a souvent des difficultés à cause du volume du bourrelet formé par la suture en bourse.

2° La gouttière est moins volumineuse que le plus petit modèle des boutons de Murphy. Elle mesure 20 millimètres de largeur et 60 millimètres de circonférence, tandis que le petit bouton mesure 21 millimètres de diamètre et 66 millimètres de circonférence.

Il n'y a donc pas de danger que la gouttière s'arrête en traversant l'intestin.

3° L'orifice de la gouttière mesure 70 millimètres de circonférence, est beaucoup plus considérable que celui du gros modèle du bouton de Murphy qui ne mesure guère que 45 à 50 millimètres de circonférence.

4° L'orifice gastro-intestinal obtenu est plus large que celui que fournit le bouton de Murphy.

5° La gouttière n'expose pas à des fautes opératoires analogues à celles des sutures perforantes.

6° Elle n'expose pas aux mêmes accidents que le bouton de Murphy : perforation intestinale ou dégagement de l'intestin hors de l'instrument.

7° On a une notion plus exacte du degré de striction que l'on exerce avec la gouttière, qu'avec le bouton de Murphy.

8° Tandis qu'on ne peut pas desserrer le bouton de Murphy une fois qu'il est serré, on peut au contraire écarter facilement les bords de la gouttière, après leur rapprochement; on peut dans ce but employer par exemple le pavillon d'une sonde cannelée.

9° La gouttière ne présente pas les mêmes défauts de construction que le bouton de Murphy.

J'ai employé la gouttière dans de nombreuses expériences sur le chien, tous mes animaux ont guéri le jour où mon instrument a été suffisamment perfectionné; j'ai ainsi guéri 5 animaux.

J'ai appliqué la gouttière chez l'homme pour une gastro-entérostomie. Il s'agissait d'un malade que M. Reclus avait bien voulu me confier. Cet homme était épuisé au delà de toute expression. Il mourut au bout de trente-six heures. L'autopsie ne révéla pas de péritonite et l'orifice de communication avait bien fonctionné.

V

ÉTUDES SUR LES FRACTURES DE LA ROTULE

Des fractures anciennes de la rotule. Anatomie pathologique, pronostic et traitement

Thèse de Paris, [illegible]

Les fractures de rotule se consolident de plusieurs façons :

1° Sans augmentation sensible de longueur de la rotule, avec un cal fibreux ou osseux. Cette forme comporte un rétablissement [illegible]

2° [illegible]

[illegible]

[illegible]

bon résultat en 1892. L'observation a été publiée dans la *Revue d'Orthopédie*, 1893.

3° Lorsque les fragments sont articulés par un cal court et flexible (type 3), la rotule n'est plus rectiligne comme dans le type 2. Elle prend une forme concave en arrière et les condyles

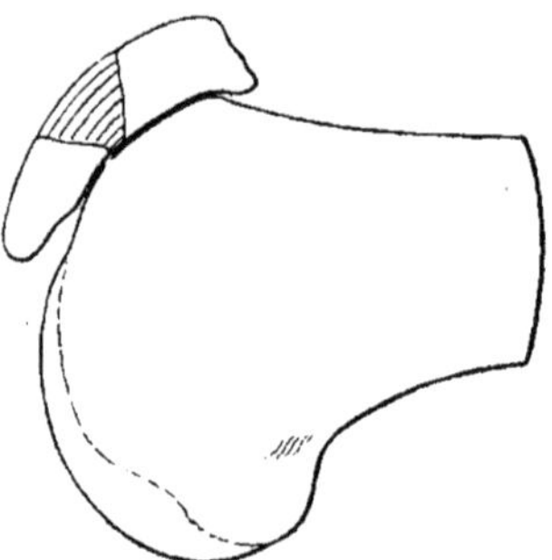

Fig. 32. — Type 3. — Cal court et flexible ne gênant pas la flexion.

fémoraux glissent dans cette espèce de cavité glénoïde. La flexion est satisfaisante dans le type 3, aussitôt que les raideurs sont dissipées.

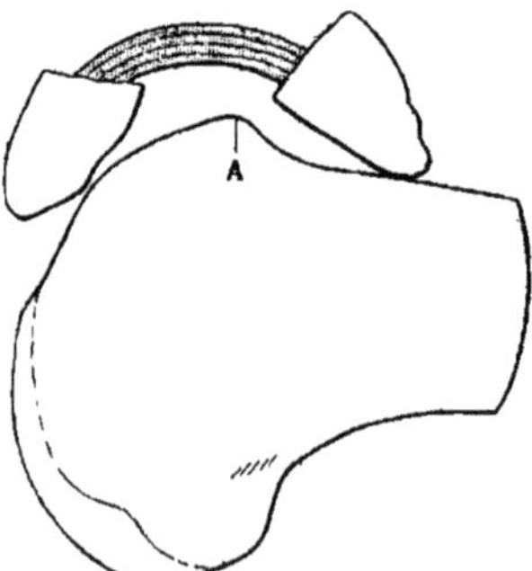

Fig. 33. — Type 4. — Cal moyen de 3 à 5 centimètres.
A. Crête articulaire plus saillante que normalement.

4° Dans le *type* 4 le col mesure 2 à 5 centimètres. Le fragment supérieur remonte anormalement, le cul-de-sac sous tricipital se comble; le fragment se déforme et présente une saillie à sa face postérieure, que j'ai appelée *tubercule d'arrêt*. —

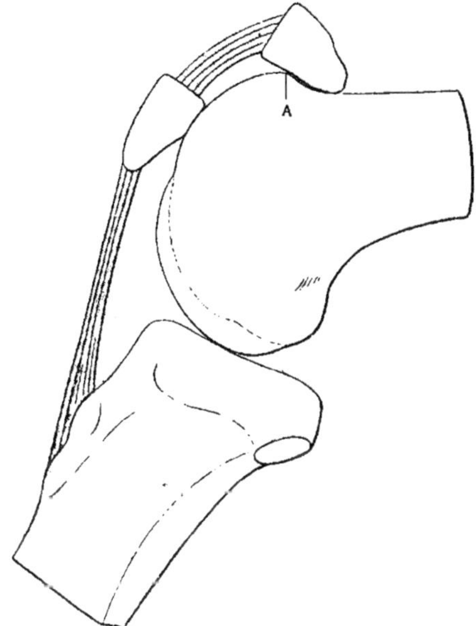

Fig. 34. — Type 4. — Arrêt de la flexion par le fragment supérieur qui butte contre la crête articulaire.

D'autre part le bord qui limite en haut le cartilage de la trochlée fémorale (crête articulaire) devient plus saillant que de coutume.

Dans cette variété le tubercule d'arrêt s'oppose à la flexion en heurtant contre la crête articulaire.

Pour remédier aux troubles de flexion du type 4, j'ai conseillé de faire l'ablation du fragment supérieur. J'ai pratiqué cette opération avec un résultat fonctionnel parfait, sur un malade qui fut présenté à la Société de chirurgie en 1891. Rapporteur, M. Richelot.

5° Dans le *type* 5 le cal mesure 5, 6, 12 centimètres : la flexion

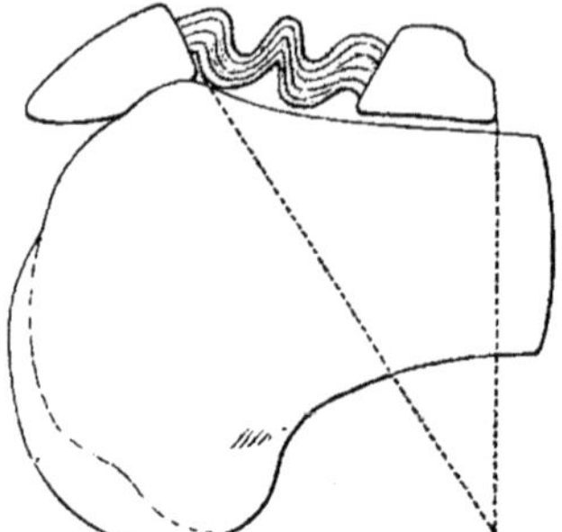

Fig. 35. — Type 5. — Cal long. — Territoire d'excursion du fragment supérieur.

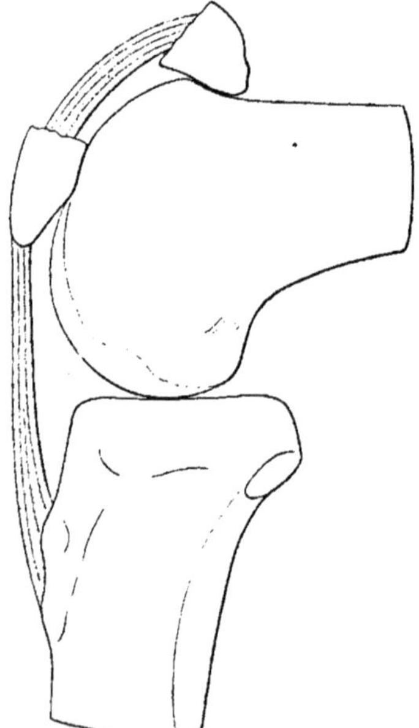

Fig. 36. — Type 5. — Le cal en se dépliant permet la flexion.

se fait bien, parce que le territoire d'excursion du fragment supérieur est considérable. L'extension se fait généralement d'une manière à peu près satisfaisante, mais elle est souvent défectueuse.

J'ai donné dans ce travail la première description de l'excellente griffe de Duplay, qui donne de très bons résultats dans les fractures récentes, lorsque la suture est contre-indiquée ou refusée par les malades.

Etude expérimentale et clinique sur le mécanisme des fractures de la rotule.

Bull. Soc. anat., 1888.

RÉSUMÉ.

A. *Fractures directes.* — 1° *Par chute sur le genou.* — La rotule n'est exposée dans une chute sur le genou que si la flexion dépasse un peu l'angle droit.

En flexion légère comme en flexion complète la fracture est impossible.

Les fractures ainsi produites sont presque constamment comminutives.

La fracture par chute sur le genou peut s'accompagner de fracture du fémur à la partie moyenne ou inférieure.

2° *Par choc d'un corps contondant ou angulaire.* Les fractures par choc d'un corps contondant sont toujours comminutives.

Celles par choc d'un corps angulaire (angle dièdre) peuvent être comminutives ou transversales avec ou sans lésions de la peau.

B. *Fractures indirectes ou par arrachement.* — Ces fractures nous paraissent impossibles à obtenir sur le cadavre.

Elles sont vraisemblablement favorisées sur le vivant par

une fragilité osseuse qui semble probable, en raison de nos observations (douleurs antérieures persistantes, élargissement de la rotule, etc.) et en raison de cas nombreux de fractures simultanées, bilatérales et itératives.

C. *Fractures mixtes.* — Les fractures mixtes sont probablement favorisées par la fragilité osseuse sénile. La moyenne de la densité de sept sujets jeunes est de 1,37 ; de huit sujets vieux, de 1, 26. Chez ceux-ci, la fracture par arrachement du radius s'obtient facilement, chez les premiers difficilement ou pas du tout.

D. *Anatomie pathologique des fractures transversales avec écartement.* — Les écartements de 2 centimètres et au-dessous ne s'accompagnent pas de déchirure étendue des tissus fibreux situés au-devant de la rotule, ou de ceux situés latéralement (expansions latérales du triceps).

Quand l'écartement dépasse 2 centimètres, on constate des déchirures latérales, et de plus l'interposition de lambeaux fibreux entre les surfaces fracturées.

Les fragments présentent constamment un écartement angulaire à sommet articulaire : d'où impossibilité du basculement en avant des fragments quand on applique la griffe.

Des écartements considérables de 6, 8, 10 centimètres ne peuvent être obtenus sur le cadavre. Ils ne sont donc jamais primitifs. Par conséquent ils sont le résultat de la rétraction lente et persistante du droit antérieur de la cuisse.

VI

CHIRURGIE GYNÉCOLOGIQUE

Traitement des fibromes utérins de volume moyen par l'hystérectomie totale, vagino-abdominale.

(Société obstétricale et gynécologique de Paris, 13 avril 1893.)

Conclusions.

1° Les gros fibromes sus-ombilicaux sont justiciables de l'hystérectomie abdominale.

2° Les petits fibromes doivent être traités par l'ablation vaginale (morcellement).

3° Les fibromes moyens sont avantageusement enlevés en deux temps : 1° Amputez le col par le vagin ; 2° le reste de la tumeur sortira dans l'incision abdominale avec la plus grande facilité.

4° La castration ovarienne étant aussi grave ou même plus grave que l'extirpation totale vagino-abdominale, et présentant en outre des inconvénients pour l'avenir (retour des hémorrhagies, augmentation de la tumeur, sphacèle, migration des fibromes dans le vagin, dégénérescence kystique, sarcomateuse ou épithéliale) : cette opération, dis-je, est appelée à disparaître (1).

5° A ceux qui veulent profiter des chances possibles d'une castration ovarienne facile, je conseille d'enlever d'abord le col par le vagin ; on incisera ensuite l'abdomen avec la certitude de guérir sa malade, soit par la castration, soit, en cas d'impossibilité de cette dernière, par l'ablation totale du reste de la tumeur.

(1) Actuellement je suis revenu à la castration pour les fibromes sous-ombilicaux et je réserve l'extirpation vagino-abdominale pour les fibromes pelviens qui provoquent des accidents de compression.

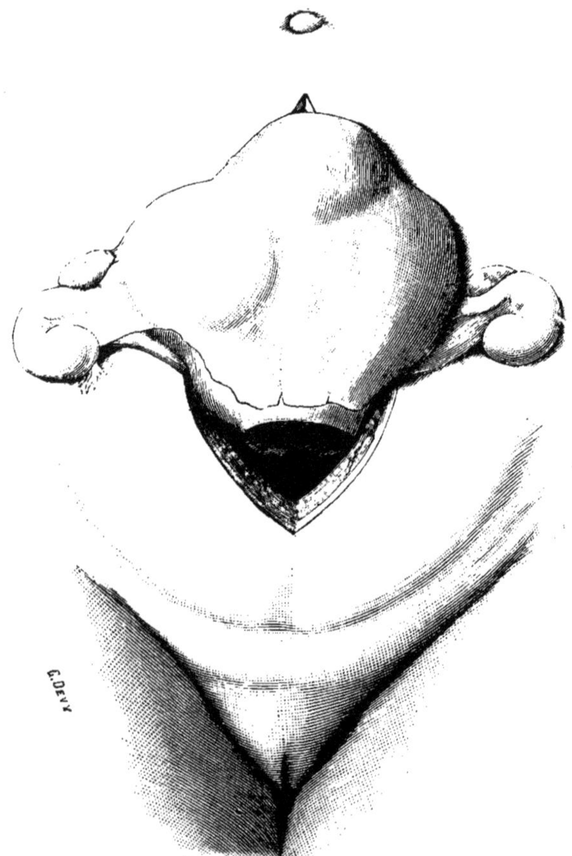

Fig. 37. — Figure montrant avec quelle facilité la tumeur sort du ventre après l'amputation du col par le vagin.

Hystérectomie vagino-abdominale avec suture hermétique du péritoine (hystérectomie vagino-abdominale fermée.

(*Bulletins et Mémoires de la Société obstétricale et gynécologique de Paris*, janvier 1894.

Description de l'opération. — Voici la succession des temps opératoires :

On fait d'abord une toilette soignée suivie d'une désinfection complète de la vulve et du vagin.

Le canal utérin est désinfecté soit par le curage, soit par une injection intra-utérine de teinture d'iode avec la seringue de Braun.

Je place ensuite deux écarteurs, je saisis le col avec deux pinces érignes et je pratique, avec des ciseaux courbes, une incision circulaire autour du col.

Avec le doigt, je décolle les tissus, en avant et en arrière de l'utérus, puis je coupe la partie inférieure des deux ligaments larges sur une hauteur de deux à trois centimètres, après avoir fait préventivement l'hémostase avec quelques pinces de Péan à mors courts.

L'opération vaginale est terminée ; je me lave de nouveau les mains, et je procède à la laparotomie. L'abdomen étant ouvert, je saisis le fond de l'utérus avec une forte érigne et je le tire en haut et arrière ; j'incise aux ciseaux le cul-de-sac vésico-utérin le plus haut possible, et, en décollant le lambeau péritonéal, je rejoins la cavité vaginale.

Avec une pince, je crève le cul-de-sac de Douglas. Je pratique alors la section des ligaments larges en les chargeant sur trois pinces ; la première est placée en dehors des annexes, les deux autres sur la partie moyenne des ligaments larges, la partie inférieure de ces ligaments ayant été, si l'on s'en souvient, pincée et coupée par le vagin. L'utérus et les annexes se trouvent ainsi enlevés en bloc.

Je remplace alors les pinces par des ligatures à la soie, je fais la toilette du bassin et je procède à la fermeture du péritoine.

Je suture les lambeaux péritonéaux avec une aiguille de Reverdin à pédales, coudée à gauche : mais comme cette manœuvre se passe à une grande profondeur, il est souvent difficile de conduire le fil au contact de l'aiguille. Avec les doigts, on ne peut guère porter un fil plus loin que 8 à 9 centimètres, à moins de mettre les deux poings dans le ventre. On peut, il est vrai, monter une anse de fil sur une pince hémostatique, mais on échoue souvent à ce jeu d'adresse. J'ai trouvé plus simple de me servir d'un instrument que j'ai fait construire et que j'appelle pince en fourche. C'est une longue pince à disséquer dont les mors ont la forme d'une fourche à pointes mousses dirigées en bas. L'instrument est muni d'un arrêt comme les pinces à fixer le globe oculaire. Pour s'en servir, on tend le fil entre les branches de la fourche dont on maintient les mors serrés, grâce à l'arrêt. On porte alors le fil au contact de l'aiguille, en tenant la pince d'une seule main, comme une plume à écrire, on fait glisser le fil à la surface de l'aiguille, et à un moment donné, un faux pas vous avertit que le fil est entré dans le chas ; on laisse retomber la pédale de l'aiguille pour emprisonner le fil et on ouvre la pince en fourche ; il ne reste plus qu'à entraîner le fil et à le nouer : quatre ou six fils suffisent à fermer complètement le péritoine.

Je prends la précaution de bien enterrer l'extrémité des pinces vaginales sous mes sutures, de façon que le foyer vaginal n'ait aucune communication avec le péritoine.

Je ne fais pas de drainage par l'abdomen, sauf le cas de rupture d'abcès dans le ventre : dans ces conditions je place une mèche iodoformée dans le bassin pour drainer. Je mets simplement une mèche iodoformée dans le vagin : les pinces sont enlevées au bout de quarante-huit heures ; à partir du troisième jour, la malade reçoit deux injections phéniquées faibles chaque jour.

Ce procédé donne de grandes garanties contre les hémorrhagies et la septicémie.

Je l'ai employé pour des salpingites, fibromes, cancers, en un mot dans tous les cas où l'hystérectomie vaginale est possible ou indiquée.

Traitement de la rétroflexion par un procédé opératoire nouveau : transplantation du péritoine antéutérin.

Soc. anat., novembre 1894.

Description du procédé. — Le fond de l'utérus est saisi avec une érigne et tiré en haut.

Avec une pince à disséquer et des ciseaux, j'incise le péritoine transversalement sur le milieu de la face antérieure de l'utérus. L'incision mesure 6 à 8 centimètres de longueur ; elle empiète latéralement sur les ligaments larges.

La lèvre inférieure de l'incision est saisie avec des pinces hémostatiques et disséquée, puis décollée avec le doigt de haut en bas ; on dénude ainsi la paroi antérieure de l'utérus et du vagin sur une hauteur de 5 à 6 centimètres environ. Le décollement s'étend sur les côtés jusqu'aux ligaments larges.

Nous avons alors une espèce de logette formée par le lambeau péritonéal décollé, dans laquelle nous allons introduire et fixer le fond de l'utérus. A cet effet, je mets l'utérus en antéflexion et je le fais entrer de force dans la cavité sous-jacente au lambeau. Avec une aiguille courbe je traverse le lambeau et la

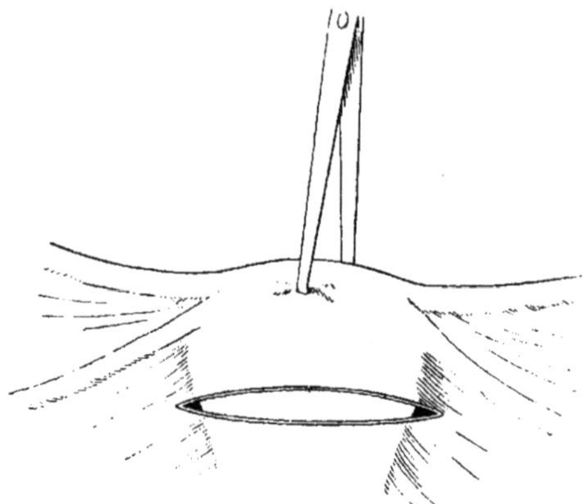

Fig. 38. — Transplantation du péritoine anté-utérin. — Incision sur la face antérieure de l'utérus.

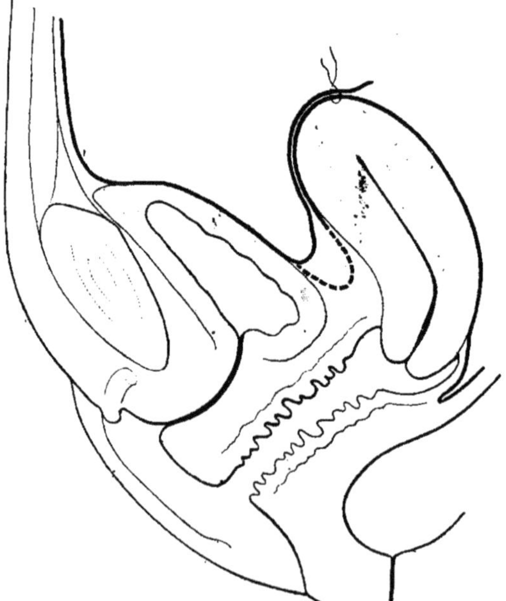

Fig. 39. — Transplantation du péritoine anté-utérin.

partie la plus élevée de la face postérieure de l'utérus : le fil est serré à fond.

Deux autres points suffisent pour assurer une fixation solide.

Il est bon de drainer en outre le Douglas par le vagin afin de l'oblitérer par l'inflammation adhésive.

J'ai exécuté deux fois ce procédé ; la première malade opérée il y a deux mois a vu ses douleurs disparaître ; l'utérus reste parfaitement fixé en antéflexion.

La seconde malade, guérie également, l'est depuis trop peu de temps pour mériter autre chose qu'une simple mention.

VII

CHIRURGIE GÉNÉRALE

De la résection large du rocher dans le traitement de la carie de cet os.

(*Revue Internat. de Rhinologie*. 1893.

Manuel opératoire. — L'opération consiste essentiellement à détruire les parois du conduit auditif et de la caisse, dans toute leur épaisseur, en attaquant successivement les parois supérieure, antérieure, postérieure et inférieure (on prend bien entendu les précautions nécessaires pour ménager le facial). On fait ensuite le curage de l'oreille moyenne avec la curette tranchante; enfin on attaque la paroi labyrinthique avec la gouge et le maillet.

On arrive ainsi à ne laisser persister du rocher que son sommet, qu'il est difficile d'enlever complètement en raison de la présence de la carotide interne. Si cette dernière portion était nécrosée, on l'enlèverait assez facilement malgré la présence de l'artère, les séquestres étant d'ordinaire facilement mobilisables.

Premier temps. — *Incision cutanée.* — J'encadre presque complètement le pavillon de l'oreille, par une incision courbe en avant, qui commence au-devant du tragus, suit le pourtour du pavillon et se termine au niveau du lobule de l'oreille.

L'incision est menée à fond jusqu'à l'os, puis, avec une rugine, je détache tout le lambeau des parties osseuses; je sépare même complètement le pavillon du conduit auditif osseux. La rugination met aussi à nu la partie postérieure de la cavité glénoïde du temporal.

DEUXIÈME TEMPS. — *Résection de la paroi supérieure du conduit et de la caisse.* — Avec le ciseau et le maillet, j'attaque l'écaille à 1 centimètre 1/2 au-dessus du conduit, sur le trajet d'une horizontale qui commence au niveau de la bifurcation de la racine postérieure de la zygomatique et se dirige en arrière sur une longueur de 4 à 5 centimètres. La section est conduite jusqu'à la dure-mère. Avec une pince-gouge et le ciseau, on peut ensuite réséquer peu à peu la paroi supérieure du conduit et de la caisse. Toutefois, il ne faut pas détruire toute l'étendue de cette dernière si l'on veut respecter le facial qui croise obliquement le plafond de la caisse.

TROISIÈME TEMPS. — *Résection de la paroi antérieure de la caisse.* — On l'exécute sans aucune difficulté avec la pince-gouge et le ciseau.

QUATRIÈME TEMPS. — *Résection de la région mastoïdienne et de la paroi postérieure du conduit et de la caisse.* — Je commence par sectionner l'os, au ciseau, sur le trajet d'une verticale qui tombe sur le bord postérieur de l'apophyse mastoïde. La section est menée jusqu'à la dure-mère, et met à nu le sinus latéral, qu'on isole peu à peu sur une grande largeur. Le ciseau devra s'arrêter au voisinage du conduit auditif (afin d'épargner le facial).

Je fais ensuite sauter l'apophyse mastoïde d'un coup de ciseau, à sa base, et je l'enlève complètement.

Avec la sonde cannelée, j'isole alors le tronc du facial jusqu'au trou mastoïdien. Je place enfin le ciseau, le tranchant en l'air, immédiatement en dehors du trou stylo-mastoïdien, et je fais sauter des éclats de la partie postérieure du conduit auditif. En procédant par petits coups, on peut sculpter le facial de bas en haut sans le blesser, et achever la résection de la paroi postérieure du conduit auditif. On ne peut arriver à détruire la paroi correspondante de la caisse qu'en soulevant le facial sur un crochet.

CINQUIÈME TEMPS. — *Résection de la paroi inférieure du conduit de la caisse.* — Le facial mis en évidence antérieurement n'a rien à craindre. Je place le ciseau sur la paroi inférieure du conduit auditif, le tranchant tourné en bas. L'os étant très cas-

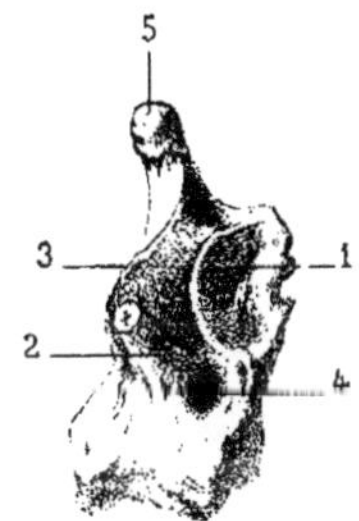

Fig. 40. — Fragment de la face inférieure du rocher enlevé dans une résection large.

1, Golfe de la jugulaire. — 2. Apophyse styloïde. — 3. Crête vaginale. — 4. Aqueduc de Fallope. — 5. Épine du sphénoïde.

sant, on détache constamment un grand éclat qui comprend toute la face inférieure du rocher (apophyse styloïde et crête vaginale, pourtour du golfe jugulaire et du canal carotidien ; parfois même, on emporte du même coup l'épine du sphénoïde, comme dans mon observation I (Voir la figure 40).

SIXIÈME TEMPS. — *Curage de l'oreille moyenne et évidement du labyrinthe.* — Avec une curette tranchante, on gratte fortement toutes les parois de la caisse et on enlève en même temps les osselets et les fongosités. On attaque ensuite le labyrinthe avec une petite gouge si l'os paraît malade à ce niveau.

J'ai opéré un malade atteint de carie du rocher par le procédé que je viens de décrire : il a guéri complètement.

Un autre malade qui a subi une résection plus limitée a guéri également, un troisième est mort. Chez tous les trois j'ai trouvé des abcès tuberculeux et des nécroses entre la dure-mère et l'écaille du temporal.

Etude sur la réparation des difformités nasales par la prothèse métallique intercutanéo-muqueuse.

1° La prothèse métallique est une excellente méthode pour la réparation des difformités nasales, à la condition que le tré-

Fig. 41. — Effondrement du nez avant l'opération.

pied métallique soit complètement enterré au sein des tissus comme une ligature perdue.

2° Lorsque la peau de la région est saine, il suffit de disséquer un grand lambeau, de le rabattre en bas, de fixer le trépied dans les os et de remettre en place le lambeau qu'on fixe par des sutures.

3° Lorsque la peau est mauvaise ou absente, il faut placer

Fig. 42. — Malade de la figure 41 après l'opération de la prothèse métallique intercutanéo-muqueuse.

l'appareil entre deux plans de lambeaux se regardant par leurs faces cruentées.

4° Mes observations prouvent que ces trépieds peuvent être tolérés indéfiniment.

VIII

INSTRUMENTS

Pince à dents de crocodile.

Les mors de cette pince sont garnis de trois rangées de dents courtes, très pointues, s'engrenant entre elles, mais s'opposant

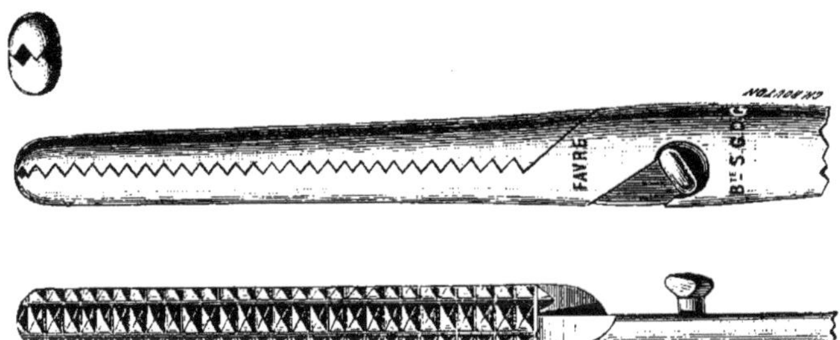

Fig. 43. — Pince à dents de crocodile.

rangée par rangée. Les pinces ne dérapent point, elles fournissent une prise très solide.

Pince trocart.

Cette pince se termine par des mors très pointus, avec les-

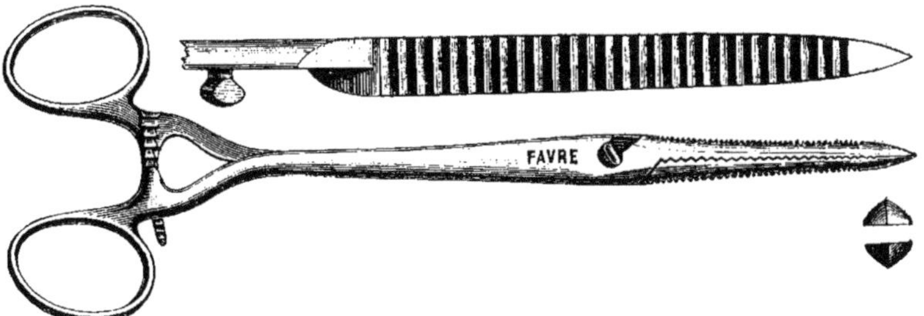

Fig. 44. — Pince trocart.

quels on peut ponctionner des poches vaginales, par exemple. En écartant les mors on dilate l'orifice de ponction.

Pour que cette dilatation se fasse facilement, chaque mors a une forme de prisme triangulaire à arête externe. Pour éviter le glissement de cette arête sur les tissus, elle est garnie de crans. Cet instrument est très commode pour crever le cul-de-sac vaginal, au cours d'une laparotomie.

TABLE DES MATIÈRES

9836-95. — Corbeil. Imprimerie Éd. Crété.

www.ingramcontent.com/pod-product-compliance
Ingram Content Group UK Ltd.
Pitfield, Milton Keynes, MK11 3LW, UK
UKHW020331180726
13839UKWH00002B/659